결국 쓰기력이 답이다

1단계 (초등 1~2학년 추천)

공부가 쉬워지는 글쓰기의 힘

1단계
초등 1~2학년 추천

결국 쓰기력이 답이다

 20일이면 완성되는 글쓰기의 기적!

문해력을 완성시키는 결정적 쓰기력!

표현력을 키우는
**글쓰기
습관**

성적을 키우는
**교과별
연계 학습**

성취감을 키우는
**하루
15분 플랜**

허들링북스

Part 1

글쓰기가
쉬워지면
공부가
쉬워집니다!

20일이면 완성되는 쓰기력의 모든 것

📝 PART 1. 서술형 시대의 쓰기력, 글쓰기가 쉬워지면 공부가 쉬워진다!
📝 PART 2. 학업능력을 좌우하는 쓰기력, 내 것으로 만들기 [4주 완성 플랜]
📝 PART 3. 부모님과 선생님이 함께 보는 쓰기력 지도법

1주	Chapter 1. 헷갈리기 쉬운 맞춤법			
공부한 날		공부한 내용	쪽수	확인
1일차	월 일	헷갈리기 쉬운 말 (며칠 / 몇일, 가까이, 곰곰이, 깨끗이, 솔직히)	18쪽	○ △ X
2일차	월 일	뜻에 맞게 써야 하는 말 1 (잊어버리다 / 잃어버리다, -장이 / -쟁이)	22쪽	○ △ X
3일차	월 일	뜻에 맞게 써야 하는 말 2 (가르치다 / 가리키다, 다르다 / 틀리다)	26쪽	○ △ X
4일차	월 일	잘못 쓰기 쉬운 말 1 (역할 / 역활, 일부러 / 일부로)	30쪽	○ △ X
5일차	월 일	잘못 쓰기 쉬운 말 2 (설레다 / 설레이다, 어이없다 / 어의없다)	34쪽	○ △ X

2주	Chapter 2. 헷갈리기 쉬운 띄어쓰기			
공부한 날		공부한 내용	쪽수	확인
6일차	월 일	낱말과 낱말 사이 띄어쓰기	40쪽	○ △ X
7일차	월 일	조사 붙여쓰기 (-은 / -는, -이 / -가, -을 / -를, -와 / -과, -에, -의)	44쪽	○ △ X
8일차	월 일	의존 명사 띄어쓰기(-수, -것, -만큼)	48쪽	○ △ X
9일차	월 일	단위를 나타내는 말 띄어쓰기(-개, -마리, -켤레, -자루, -그루)	52쪽	○ △ X
10일차	월 일	이어주거나 늘어놓는 말 띄어쓰기(대, 겸, 및, 등)	56쪽	○ △ X

3주	Chapter 3. 속담, 사자성어, 관용어 활용하기			
공부한 날		공부한 내용	쪽수	확인
11일차	월 일	속담 바로 알기 1 (우물 안 개구리 / 원숭이도 나무에서 떨어진다)	62쪽	○ △ X
12일차	월 일	속담 바로 알기 2 (가는 말이 고와야 오는 말이 곱다 / 낮말은 새가 듣고 밤말은 쥐가 듣는다)	66쪽	○ △ X
13일차	월 일	사자성어 바로 알기 1 (십중팔구 / 구사일생)	70쪽	○ △ X
14일차	월 일	사자성어 바로 알기 2 (동문서답 / 소탐대실)	74쪽	○ △ X
15일차	월 일	관용어 바로 알기 (눈살을 찌푸리다 / 손사래를 치다)	78쪽	○ △ X

4주	Chapter 4. 교과별 글쓰기 실전 연습			
공부한 날		공부한 내용	쪽수	확인
16일차	월 일	국어 교과서 글쓰기 1 (독서감상문)	84쪽	○ △ X
17일차	월 일	국어 교과서 글쓰기 2 (동시)	88쪽	○ △ X
18일차	월 일	수학 교과서 글쓰기 (문장제 답안)	92쪽	○ △ X
19일차	월 일	사회 교과서 글쓰기 (기행문)	96쪽	○ △ X
20일차	월 일	과학 교과서 글쓰기 (관찰일지)	100쪽	○ △ X

쓰기력이 강해지면 공부가 쉬워진다

- 평생을 가는 맞춤법, 띄어쓰기, 표현법 정확히 익히기
- 주제별 글쓰기 실전 연습을 통해 목적에 맞는 글쓰기 능력 향상
- 부모님과 선생님의 질문식 지도로 홈스쿨링 강화하기

1단계 문장 표현 정확히 알기 ▶

맞춤법, 띄어쓰기, 속담, 관용어 등 헷갈리기 쉬운 문장 표현을 정확히 이해할 수 있게 문장력의 기초를 다집니다.

2단계 빈칸 채워가며 문장력 향상시키기 ▶

간단한 빈칸 형식의 문제를 풀어보며 문장력을 향상시키는 데 필요한 정확한 표현법을 숙지합니다. 이로써 글쓰기에 대한 자신감을 더욱 키울 수 있습니다.

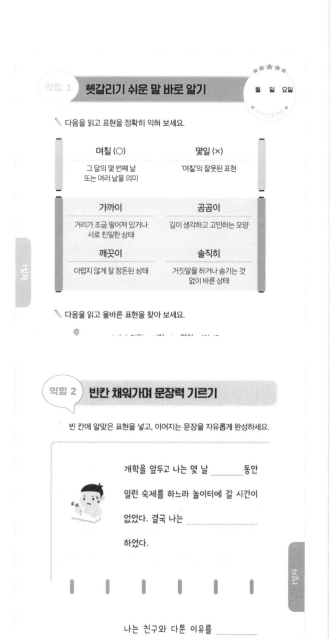

3단계 나만의 완성된 글 써보기 ▶

주어진 표현법을 활용해 짧은 문장 글쓰기를 시작하여 쓰기력의 기초를 다지고 쓰기에 대한 부담을 줄여줍니다.

익힘 3 **정확한 맞춤법으로 글쓰기**

✎ 앞서 공부한 표현으로 문장을 만들어 보세요.

'며칠'이라는 말을 넣어 짧은 문장을 써 보세요.

'깨끗이'라는 말을 넣어 짧은 문장을 써 보세요.

4단계 주제별 글쓰기 실전연습 ▶

목적에 맞는 글쓰기를 직접 시도해 보고 다듬어가며 완성도 있는 글쓰기에 도전합니다.
또래 친구의 글을 예시로 하여 글쓰기의 감을 익힐 수 있습니다.

익힘 4 **또래 친구가 쓴 글 살펴보기**

✎ 친구가 쓴 문장을 한 글자씩 따라 써 보세요.

며칠

	며	칠		전	에		가	족
들	과		제	주	도	에		다
녀	왔	다	.					

깨끗이

| | " | 와 | | 방 | 청 | 소 | 를 | |

5단계 질문식 지도로 문장력이 쑥 ▶

교과서별 글쓰기에 대한 부모님, 선생님의 질문식 지도로 자기 생각을 글로 표현할 수 있는 가이드라인을 제공합니다.

질문으로 대화하는
부모님표, 선생님표 지도법

국어교과서

📋 **독서감상문을 쓰는 방법에 대해 지도하기**

1) ○○이가 가장 감명 깊게 읽은 책은 뭐가 있을까?
2) 〈시튼의 동물기〉를 한 번 읽고, 제일 기억에 남는 문장을 찾아보자.
3) 이 책을 읽고 새롭게 알게 된 점이나 물었던 날말은 뭐가 있을까?
4) 책의 줄거리와 느낀 점을 문장으로 정리해 볼까?
5) 이제 친구의 글을 읽어보고 나만의 독서감상문을 만들어 볼까?

📋 **동시를 쓰는 방법에 대해 지도하기**

1) 평소 가장 좋아하는 동시를 한 가지 이야기해 볼까?
2) 그 시에서 인상 깊었던 점은 무엇인지 말해 볼래?

1. 글쓰기가 두려운 아이들, 서술형 시대를 만나다.

글쓰기가 어려운 이유

글쓰기란 무언가를 읽고 생각한 뒤 자신의 문장으로 표현하는 종합적인 과정을 의미합니다. 이 과정에서 어휘력, 독해력, 사고력, 창의력이 모두 발휘되어야 하는 만큼 아이들에게 글쓰기는 어려울 수밖에 없는 영역이 분명합니다. 더구나 어려서부터 미디어를 접하고 짧은 형식의 콘텐츠에 익숙한 아이들에게 긴 글로 자신의 생각을 풀어내기란 여간 어려운 일이 아닙니다. 초등학생 자녀를 둔 학부모님들을 대상으로 설문조사를 실시한 결과 학부모님들의 가장 큰 고민은 아이들의 쓰기력에 있었습니다.

쓰기력이 경쟁력이 되는 시대

문제는 현재의 교과과정은 쓰기력을 갖춘 학생이 성공할 수 있는 시스템이라는 점입니다. 지금은 바야흐로 서술형 시대라 부를 수 있습니다. 교과과정에 있는 모든 문제들이 긴 지문으로 이루어져 있고, 답안 또한 문장 형식으로 완성해야 합니다. 수학과 영어를 공부함에 있어서도 문장을 제대로 쓰고 이해할 수 있어야 좋은 학업 성과를 기대할 수 있습니다. 글쓰기를 싫어하는 아이들, 글쓰기를 요구하는 학업 과정 사이에서 어떻게 해야 쓰기력을 향상시킬 수 있을까요? 이 책은 그에 대한 해답을 제공하고자 합니다.

2. 매일매일의 쓰기력이 성공을 좌우한다.

쓰기력을 향상시키는 방법은 다음과 같습니다.
첫째, 매일 15분씩 글쓰기 습관 들이기
둘째, 또래 친구가 쓴 글을 따라 써보며 글쓰기의 감 익히기
셋째, 나만의 문장으로 글쓰기를 완성하며 성취감 높이기

이렇게 매일매일 글을 쓰고 완성시키는 경험 속에서 아이들의 글쓰기 자신감은 부쩍 자라 있을 것입니다. '결국 쓰기력이 답이다'는 쓰기에 강한 아이들로 성장할 수 있는 밑거름을 마련하고자 합니다.

왜 '결국 쓰기력이 답이다'인가?

❶ 쓰기에 필요한 표현법을 정확히 익힌다.

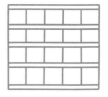

📖 맞춤법, 띄어쓰기, 사자성어, 관용어 등 글쓰기에 필요한 배경지식을 탄탄히 다질 수 있게 구성되어 있습니다. 올바른 표현법을 숙지하고 글을 쓰는 만큼 글쓰기에 대한 자신감이 크게 향상됩니다.

❷ 빈칸 채우기를 통해 쓰기 동기를 키운다.

📖 바로 글쓰기에 돌입하기 어려운 아이들을 위해 빈칸 채우기 형태로 쓰기에 가까워질 수 있게 구성하였습니다. 빈칸을 채워가며 창의력, 사고력을 기르고 쓰기 동기를 키워 글쓰기에 대한 두려움을 없애게 됩니다.

❸ 직접 문장을 써볼 수 있게 하여 쓰기력을 기른다.

📖 짧은 글쓰기부터 실전 글쓰기까지 자신이 직접 문장을 써볼 수 있게 유도하여 실질적인 글쓰기 능력을 향상시키는 데 중점을 두었습니다. 스스로 글쓰기를 해결해나가는 경험을 제공합니다.

❹ 친구가 쓴 글을 따라 쓰며 문장력을 향상시킨다.

📖 또래 친구가 쓴 글을 보며 문장 표현과 쓰기 형태를 다양하게 확장시킬 수 있습니다. 받아쓰기 형태로 올바른 글쓰기 연습도 병행할 수 있어 학생들의 필력 향상과 예쁜 글쓰기에 도움을 줍니다.

❺ 쓰기력 단시간 완성 학습로드맵이 분명하다.

📖 하루 15분이면 완성되는 단시간 학습 로드맵으로 구성되어 아이들이 지루하지 않게 글쓰기에 흥미를 높일 수 있습니다. 매일매일의 꾸준함이 더해져 아이들의 글쓰기 능력을 크게 향상시킬 수 있습니다.

❻ 교과 연계 중심의 글쓰기 훈련이 이루어져 교과에 도움을 준다.

📖 국어, 수학, 사회, 과학 교과서와 연계된 글쓰기 연습을 하며 교과 성적 향상에 도움을 줍니다. 학교 수업과 연관성을 찾고 아이들의 공부가 쉬워지는 데도 큰 도움을 줄 수 있습니다.

초등 단계별 쓰기력 발달 과정

단계	단계별 발달 특징	글쓰기 지도 방식
P단계 (예비 초등 1학년)	• 책읽기를 좋아하고 쓰기에 처음 관심이 생김 • 상상력이 풍부하고 호기심이 많음	✑ 받아쓰기를 통해 기초적인 문장 표현을 익힐 수 있게 지도한다. ✑ 상상력과 창의력을 자신만의 글로 풀어낼 수 있게 그림과 글을 혼합한 글쓰기 형태를 제시한다.
1단계 (1, 2학년)	• 자기 경험을 말하기 좋아하고 칭찬받고 싶은 욕구가 강함 • 쓰기에 대한 의욕은 넘치나 표현력이 부족한 시기 • 분명한 생각은 있지만 '왜' 그런 생각을 했는지까지는 글로 쓰기 어려워함	✑ 맞춤법, 띄어쓰기 등 표현력이 부족한 부분을 보완할 수 있게 기초를 탄탄히 다진다. ✑ '왜'라는 질문을 던져 자신의 생각을 뒷받침할 수 있는 문장을 써볼 수 있게 지도한다.
2단계 (3, 4학년)	• 책읽기에 대한 편식이 생기고 학습 능력 격차가 벌어짐 • 자신이 경험한 일을 이야기 하기 좋아함 • 글씨체가 흐트러지기 쉬운 시기	✑ 자신이 경험한 일을 글로 써 볼 수 있게 하여 글쓰기에 대한 자신감을 높인다. ✑ 글씨체가 흐트러지지 않게 올바른 서체의 글을 받아쓸 수 있게 연습시킨다.
3단계 (5, 6학년)	• 비판적 사고가 발달하고, 논리적 표현 능력이 향상되는 시기 • 학습 의욕에 편차가 생겨 글쓰기에 대한 의욕이 상실되는 경우 발생	✑ 보다 다양한 유형의 글쓰기를 시도하며 논리적 표현 방법을 완전히 익히도록 한다. ✑ 글쓰기에 대한 동기부여를 하여 학습 의욕과 글쓰기 의욕을 향상시킨다.

결.쓰.답의 쓰기력 향상 PROCESS

어휘력, 문해력 향상

다양한 유형의 지문
읽기를 통한 문해력 학습

교과 과정에 맞춘
단계별 어휘력 학습

쓰기력 향상

짧은 글쓰기
+
교과별 실전 글쓰기

또래 친구가 쓴 글 받아쓰기로
문장력 업그레이드

어휘력

- 중심 어휘
- 관련 어휘
- 어휘 활용

문해력

- 내용 이해
- 관련 어휘
- 제목 짓기

쓰기력

- 표현 이해
- 문장 쓰기
- 받아 쓰기

독해력

- 지문 이해
- 관련 어휘
- 독해 문제

Part 2

학업능력을
좌우하는
쓰기력
내 것으로 만들기

Chapter 1.

헷갈리기 쉬운

맞춤법

헷갈리기 쉬운 말 바로 알기

✎ 다음을 읽고 표현을 정확히 익혀 보세요.

며칠 (○)	몇일 (×)
그 달의 몇 번째 날 또는 여러 날을 의미	'며칠'의 잘못된 표현

가까이	곰곰이
거리가 조금 떨어져 있거나 서로 친밀한 상태	깊이 생각하고 고민하는 모양
깨끗이	**솔직히**
더럽지 않게 잘 정돈된 상태	거짓말을 하거나 숨기는 것 없이 바른 상태

✎ 다음을 읽고 올바른 표현을 찾아 보세요.

- 어제가 몇 월 며칠 / 몇일 이었지?

- 친구는 화가 나서 며칠 / 몇일 동안 말이 없었다.

- 우리 집과 친구 집은 가까이 / 가까히 있다.

- 그는 자신의 속마음을 솔직이 / 솔직히 털어놓았다.

1일차

✎ 빈 칸에 알맞은 표현을 넣고, 이어지는 문장을 자유롭게 완성하세요.

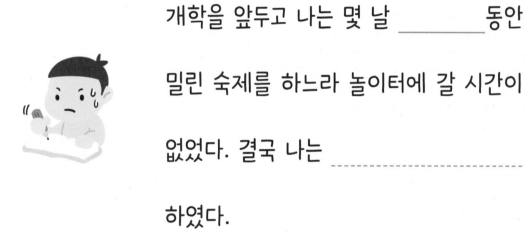

개학을 앞두고 나는 몇 날 _____동안

밀린 숙제를 하느라 놀이터에 갈 시간이

없었다. 결국 나는 _____

하였다.

나는 친구와 다툰 이유를 _____

생각해 보았다. 그리고 내가 먼저 다가가

_____ 이야기를 건네고, 사과했다.

그러자 친구는 _____ 하였다.

정확한 맞춤법으로 글쓰기

✎ 앞서 공부한 표현으로 문장을 만들어 보세요.

'며칠'이라는 말을 넣어 짧은 문장을 써 보세요.

'깨끗이'라는 말을 넣어 짧은 문장을 써 보세요.

또래 친구가 쓴 글 살펴보기

✎ 친구가 쓴 문장을 한 글자씩 따라 써 보세요.

며칠							
	며	칠		전	에		가	족
들	과		제	주	도	에		다
녀	왔	다	.					

깨끗이							
	"	와		방	청	소	를
정	말		깨	끗	이		했	구
나	.	"					

21

뜻에 맞게 써야 하는 말 1 바로 알기

✎ 다음을 읽고 표현을 정확히 익혀 보세요.

잊어버리다	잃어버리다
알았던 것을 기억하지 못하다.	가졌던 물건이 없어지게 되다.

─장이	─쟁이
무엇을 다루는 특별한 기술을 가진 사람	어떠한 성질 또는 행동을 가진 사람
예 대장장이, 구두장이, 미장이, 간판장이	예 욕심쟁이, 멋쟁이, 개구쟁이, 심술쟁이

✎ 다음을 읽고 올바른 표현을 찾아 보세요.

• 소중한 지갑을   잊어버려서 / 잃어버려서   속상했다.

• 나는 숙제가 있다는 것을   잊어버렸다 / 잃어버렸다 .

• 친구의 물건을 뺏는 사람은   욕심쟁이 / 욕심장이 야.

• 옹기장이 / 옹기쟁이 는 밤낮으로 옹기를 구웠다.

빈칸 채워가며 문장력 기르기

✏️ 빈 칸에 알맞은 표현을 넣고, 이어지는 문장을 자유롭게 완성하세요.

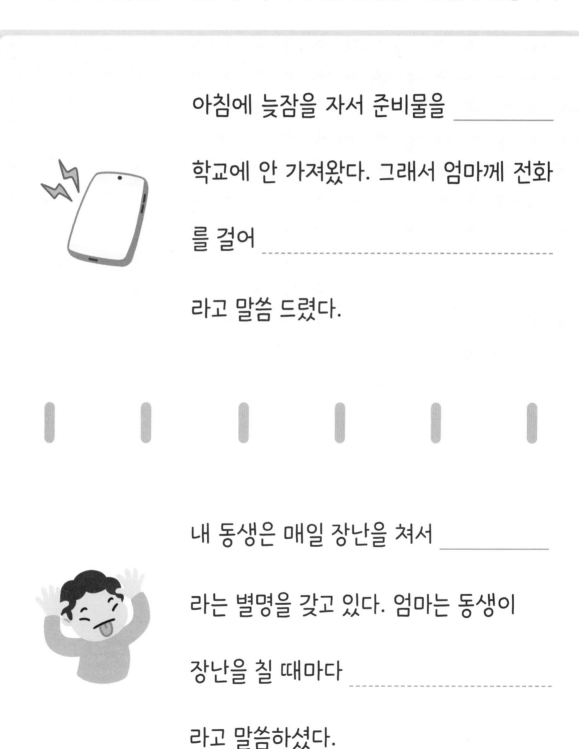

아침에 늦잠을 자서 준비물을 _____

학교에 안 가져왔다. 그래서 엄마께 전화

를 걸어 _____

라고 말씀 드렸다.

내 동생은 매일 장난을 쳐서 _____

라는 별명을 갖고 있다. 엄마는 동생이

장난을 칠 때마다 _____

라고 말씀하셨다.

2일차

정확한 맞춤법으로 글쓰기

✏️ 앞서 공부한 표현으로 문장을 만들어 보세요.

'잃어버리다'라는 말을 넣어 짧은 문장을 써 보세요.

2일차

'겁쟁이'라는 말을 넣어 짧은 문장을 써 보세요.

익힘 3 정확한 맞춤법으로 글쓰기

또래 친구가 쓴 글 살펴보기

✎ 친구가 쓴 문장을 한 글자씩 따라 써 보세요.

잃어버리다

	나	는		식	당	에	서
우	산	을		잃	어	버	렸	다.
그	래	서		비	를		맞	고
집	에		돌	아	가	야		했
다	.						

겁쟁이

	엄	마	께	서	는		시	작
해	보	지	도		않	고		도
망	치	는		건		겁	쟁	이
나		하	는		일	이	라	고
말	씀	하	셨	다	.			

내 싸인을 해요

✏️ 다음을 읽고 표현을 정확히 익혀 보세요.

가르치다	가리키다
지식을 익히게 하거나 교육을 받게 하다.	손가락 등으로 대상을 집어서 알려 주다.

다르다	틀리다
두 대상이 서로 같지 아니하다.	계산이 맞지 않거나 일 따위가 어긋나다.

3일차

✏️ 다음을 읽고 올바른 표현을 찾아 보세요.

• 화살표가   가르치는 / 가리키는   방향으로 가야 한다.

• 선생님께서 소화기 사용법을   가르쳐 / 가리켜   주셨다.

• 내가 생각한 답과 친구의 답이   달랐다 / 틀렸다 .

• 시험에서   다른 / 틀린   문제를 다시 풀어봐야 한다.

빈칸 채워가며 문장력 기르기

빈 칸에 알맞은 표현을 넣고, 이어지는 문장을 자유롭게 완성하세요.

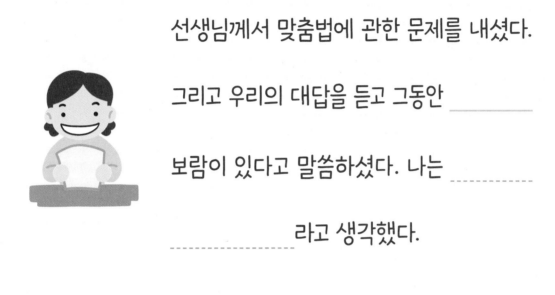

선생님께서 맞춤법에 관한 문제를 내셨다.

그리고 우리의 대답을 듣고 그동안 _____

보람이 있다고 말씀하셨다. 나는 ----------------

---------------------- 라고 생각했다.

시험에서 계산을 잘못해서 문제를 많이

_____. 하지만 다음 시험에는 더

열심히 해서 ---------------------------- 겠다

고 생각했다.

정확한 맞춤법으로 글쓰기

✎ 앞서 공부한 표현으로 문장을 만들어 보세요.

‘가르치다’라는 말을 넣어 짧은 문장을 써 보세요.

3일차

‘다르다’라는 말을 넣어 짧은 문장을 써 보세요.

또래 친구가 쓴 글 살펴보기

✎ 친구가 쓴 문장을 한 글자씩 따라 써 보세요.

가르치다							
	나	의		꿈	은		선	생
님	이		되	어		아	이	들
을		가	르	치	는		것	이
다	.							

다르다

	나	와		동	생	은		쌍
둥	이	임	에	도		불	구	하
고		성	격	이		매	우	
다	르	다	.		나	는		활	발
하	고		동	생	은		조	심
성	이		많	다	.			

4일차

✏️ 다음을 읽고 표현을 정확히 익혀 보세요.

역할 (○)	역활 (×)
자신이 맡아서 하는 일 또는 해야 할 일	역할의 잘못된 표현

일부러	일부로
어떤 생각을 갖고 또는 마음을 숨기고	일부러의 사투리

✏️ 다음을 읽고 올바른 표현을 찾아 보세요.

- 나는 연극에서 주인공 역할 / 역활 을 맡았다.

- 우리 가족은 각자 맡은 역할 / 역활 이 있다.

- 나는 일부러 / 일부로   아픈 표정을 지었다.

- 아빠께서는 일부러 / 일부로   내 편을 들어주셨다.

빈칸 채워가며 문장력 기르기

빈 칸에 알맞은 표현을 넣고, 이어지는 문장을 자유롭게 완성하세요.

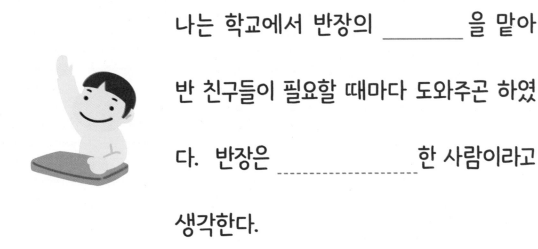

나는 학교에서 반장의 _____ 을 맡아

반 친구들이 필요할 때마다 도와주곤 하였

다. 반장은 _____ 한 사람이라고

생각한다.

엄마께서는 _____ 나의 잘못을 모

른 척해주셨다. 나는 양심의 가책을 느끼고

엄마께 _____ 라고 말

씀드렸다.

정확한 맞춤법으로 글쓰기

✎ 앞서 공부한 표현으로 문장을 만들어 보세요.

'역할'이라는 말을 넣어 짧은 문장을 써 보세요.

4일차

'일부러'라는 말을 넣어 짧은 문장을 써 보세요.

또래 친구가 쓴 글 살펴보기

✎ 친구가 쓴 문장을 한 글자씩 따라 써 보세요.

역할

	가	을		체	육	대	회	에
서		내	가		중	요	한	
역	할	을		해	서		팀	의
승	리	를		이	끌	었	다	.

일부러

	선	생	님	께	서	는		친
구	에	게		"	일	부	러	
그	런		행	동	을		해	선
안	돼	"	라	고		말	씀	하
셨	다	.						

잘못 쓰기 쉬운 말 2 바로 알기

✏️ 다음을 읽고 표현을 정확히 익혀 보세요.

설레다 (○)	설레이다 (×)
마음이 들떠서 두근거리다	'설레다'의 잘못된 표현

어이없다 (○)	어의없다 (×)
일이 너무 예상 밖이어서 기가 막히는 느낌	'어이없다'의 잘못된 표현

5일차

✏️ 다음을 읽고 올바른 표현을 찾아 보세요.

• 친구와 오랜만에 만나기로 해서 설렜다 / 설레었다 .

• 나는 여행을 앞두고 설렘 / 설레임 을 느꼈다.

• 동생의 어이없는 / 어의없는 말에 화가 났다.

• 나는 소문을 듣고 어이가 없어 / 어의가 없어   가만히

앉아 있었다.

빈칸 채워가며 문장력 기르기

빈 칸에 알맞은 표현을 넣고, 이어지는 문장을 자유롭게 완성하세요.

다음 달 가족 여행을 앞두고 나는 마음이

한껏 _____. 하지만 여행이 갑자

기 취소되었다는 소식을 듣고 ------------------

------------------------------------ 하였다.

친구의 거짓말에 너무 _____

친구의 얼굴을 바라보고만 있었다. 그러자

친구는 ------------------------------ 라고

이야기했다.

정확한 맞춤법으로 글쓰기

✎ 앞서 공부한 표현으로 문장을 만들어 보세요.

5일차

'설레다'라는 말을 넣어 짧은 문장을 써 보세요.

'어이없다'라는 말을 넣어 짧은 문장을 써 보세요.

또래 친구가 쓴 글 살펴보기

✏️ 친구가 쓴 문장을 한 글자씩 따라 써 보세요.

설레다

	내	일		가	족	들	과	
스	키	장	에		가	기	로	
해	서		마	음	이		들	뜨
고		설	렜	다	.			

어이없다

	나	를		둘	러	싼		소
문	은		너	무		황	당	하
고		어	이	없	다	.	나	는
이		소	문	을		모	른	
척	하	기	로		했	다	.	

Chapter 2.

헷갈리기

띄어쓰기

낱말과 낱말 사이 띄어쓰기

✎ 다음의 띄어쓰기 규칙을 확인해 보세요.

낱말이란 해, 달, 구름처럼 하나의 뜻을 나타내는 **가장 작은 말의 단위**를 말합니다.

낱말과 낱말 사이는 띄어쓰기를 해야 합니다. 띄어쓰기에 따라 뜻이 달라지기 때문입니다.

예 '오늘밤나무를심는다.'는 띄어쓰기에 따라 다음과 같이 뜻이 전혀 달라져요.

오늘 V 밤 V 나무를 V 심는다.	밤과 나무를 띄어 쓰면 오늘 밤 시간에 나무를 심는다는 의미가 돼요.
오늘 V 밤나무를 V 심는다.	밤나무를 붙여 쓰면 밤나무라는 나무 종류를 의미합니다.

✎ 올바른 띄어쓰기를 찾아 보세요.

이 V 불은 V 따뜻하다.   이불은 V 따뜻하다.

빈칸 채워가며 문장력 기르기

✎ 띄어쓰기에 맞게 빈칸을 채우고, 이어지는 문장을 자유롭게 완성하세요.

눈코입

아기는 자면서 작은 _____을 움직

였다. 새근새근 자는 아기의 모습이 _____

_____ .

| | | | | | |

사자의날카로운이빨

사슴은 _____을

보고 달아났다. _____ 아기 사슴은

사자의 이빨이 _____라고 생각했다.

정확한 띄어쓰기로 글쓰기

✎ 앞서 공부한 띄어쓰기에 맞게 문장을 만들어 보세요.

다음 문장을 띄어쓰기에 맞게 써 보세요.

코끼리코는길다.

위의 문장을 넣어 짧은 글을 써 보세요.

또래 친구가 쓴 글 살펴보기

✎ 친구가 쓴 문장을 한 글자씩 따라 써 보세요.

다음 문장을 띄어쓰기에 맞게 써 보세요.

바다의쓰레기를주웠다.

	바	다	의		쓰	레	기
를		주	웠	다	.		

위의 문장이 들어간 글을 따라 쓰세요.

	나	와		동	생	은	
사	람	들	이		버	리	고
간		바	다	의		쓰	레
기	를		주	웠	다	.	

조사 붙여쓰기

✎ 다음의 띄어쓰기 규칙을 확인해 보세요.

조사는 혼자서는 쓸 수 없는 말이에요. 따라서 앞 말에 붙여 써야 합니다. **-은/-는, -이/-가, -을/-를, -와/-과, -에, -의** 등을 **조사** 라고 합니다.

예 우리는 ∨ 친구다.

날씨가 ∨ 좋아요.

밥을 ∨ 먹는다.

✎ 올바른 띄어쓰기를 찾아 보세요.

엄마 ∨ 가방에 ∨ 들어가신다.   엄마가 ∨ 방에 ∨ 들어가신다.

✎ 띄어쓰기에 맞게 빈칸을 채우고, 이어지는 문장을 자유롭게 완성하세요.

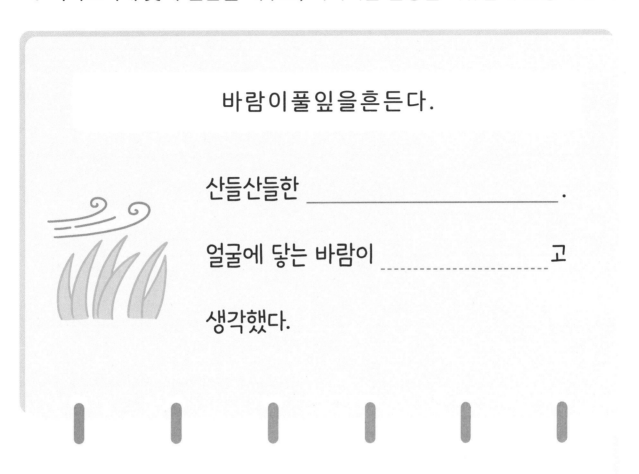

바람이풀잎을흔든다.

산들산들한 _____ .

얼굴에 닿는 바람이 _____고

생각했다.

양이풀을뜯고있었다.

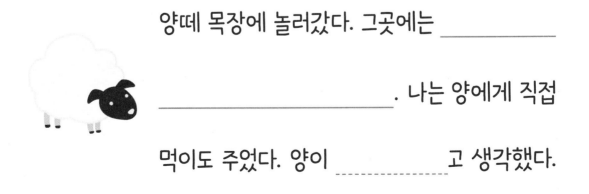

양떼 목장에 놀러갔다. 그곳에는 _____

_____ . 나는 양에게 직접

먹이도 주었다. 양이 _____고 생각했다.

정확한 띄어쓰기로 글쓰기

✎ 앞서 공부한 띄어쓰기에 맞게 문장을 만들어 보세요.

다음 문장을 띄어쓰기에 맞게 써 보세요.

횡단보도를건너다.

위의 문장을 넣어 짧은 글을 써 보세요.

또래 친구가 쓴 글 살펴보기

✎ 친구가 쓴 문장을 한 글자씩 따라 써 보세요.

다음 문장을 띄어쓰기에 맞게 써 보세요.

하늘의해가사라졌다.

	하	늘	의		해	가	
사	라	졌	다	.			

위의 문장이 들어간 글을 따라 쓰세요.

	구	름	에		가	려	서
하	늘	의		해	가		사
라	졌	다	.	하	늘	이	
금	세		깜	깜	해	졌	다 .

* 금세 : 지금 바로

47

의존 명사 띄어쓰기

✎ 다음의 띄어쓰기 규칙을 확인해 보세요.

> 의존 명사는 조사처럼 앞의 말에 의존해서 쓰기 때문에 혼자 쓸 수는 없지만, 하나의 낱말로 보기 때문에 띄어쓰기를 해야 합니다. 예를 들어 '할 수 있다'의 '수'는 의존 명사인데 반드시 '할'이 같이 있어야 쓸 수 있습니다. **−수, −것, −만큼** 등을 **의존명사**라고 합니다.
>
> 예 나는Ⅴ할Ⅴ수Ⅴ있다.
>
> 먹을Ⅴ만큼Ⅴ먹다.

✎ 올바른 띄어쓰기를 찾아 보세요.

아는것이 Ⅴ 힘이다.   아는 Ⅴ 것이 Ⅴ 힘이다.

✏️ 띄어쓰기에 맞게 빈칸을 채우고, 이어지는 문장을 자유롭게 완성하세요.

동 물 원 에 가 면 기 린 을 볼 수 있 다 .

_____ .

내가 그린 기린 그림과 똑같이 생겼다고 생

각했다. 기린은 긴 목으로 _____ .

토 끼 가 좋 아 하 는 것 은 당 근 이 다 .

깡충깡충 뛰는 귀여운 _____

_____ . 당근을 맛있게

먹는 토끼를 보며 _____ .

정확한 띄어쓰기로 글쓰기

✎ 앞서 공부한 띄어쓰기에 맞게 문장을 만들어 보세요.

> 다음 문장을 띄어쓰기에 맞게 써 보세요.

배가터질만큼먹었다.

> 위의 문장을 넣어 짧은 글을 써 보세요.

또래 친구가 쓴 글 살펴보기

✎ 친구가 쓴 문장을 한 글자씩 따라 써 보세요.

다음 문장을 띄어쓰기에 맞게 써 보세요.

할수있는것을열심히할뿐이다.

	할		수		있	는		것	을
열	심	히		할		뿐	이	다	.

위의 문장이 들어간 글을 따라 쓰세요.

	거	북	이	는			토	끼
보	다		느	리	지	만		
할		수		있	는			것
을		열	심	히			할	
뿐	이	다	.					

단위를 나타내는 말 띄어쓰기

✎ 다음의 띄어쓰기 규칙을 확인해 보세요.

물건을 셀 때 '한 개', '두 개'라고 씁니다. 이처럼 수를 나타내는 말 뒤에 쓰이는 '개'는 띄어 씁니다.

단위를 나타내는 말은 '**개, 마리, 켤레, 자루, 그루**' 등이 있습니다.

예 강아지∨한∨마리
　　연필∨한∨자루
　　구두∨한∨켤레

✎ 올바른 띄어쓰기를 찾아 보세요.

나무 ∨ 한그루　　　　　　　나무 ∨ 한 ∨ 그루

9일차

띄어쓰기에 맞게 빈칸을 채우고, 이어지는 문장을 자유롭게 완성하세요.

운동화세켤레

문 앞에 ＿＿＿＿＿＿＿가 놓여있다.

내 운동화는 깨끗하지만 두 동생들 운동화

는 ＿＿＿＿＿＿＿＿＿＿＿＿＿＿.

닭두마리

시골 마당에 ＿＿＿＿＿＿가 뛰어

놀고 있다. 닭은 마당 여기저기를 자유롭게

다니며 ＿＿＿＿＿＿＿＿＿＿＿.

정확한 띄어쓰기로 글쓰기

✎ 앞서 공부한 띄어쓰기에 맞게 문장을 만들어 보세요.

다음 문장을 띄어쓰기에 맞게 써 보세요.

우유한컵을마신다.

9일차

위의 문장을 넣어 짧은 글을 써 보세요.

또래 친구가 쓴 글 살펴보기

✎ 친구가 쓴 문장을 한 글자씩 따라 써 보세요.

> 다음 문장을 띄어쓰기에 맞게 써 보세요.

사탕 한 개, 연필 두 자루를 샀다.

	사	탕		한		개	,		연
필		두		자	루	를		샀	다.

> 위의 문장이 들어간 글을 따라 쓰세요.

	용	돈	을		받	아	서
사	탕		한		개	,	연
필		두		자	루	를	
샀	다	.	케	이	크		한
조	각	도		먹	었	다	.

이어주거나 늘어놓는 말 띄어쓰기

✎ 다음의 띄어쓰기 규칙을 확인해 보세요.

두 말을 이어주거나 늘어놓을 때 쓰는 말은 띄어써야 합니다.
두 말을 이어주거나 늘어놓을 때 쓰는 말은 **'대, 겸, 및, 등'**이 있습니다.

예 한국 V 대 V 브라질
아침 V겸 V점심
과일 V및 V채소

10일차

✎ 올바른 띄어쓰기를 찾아 보세요.

좋아하는 V 과일은 V 사과 V 배 V 등 V 많다.

좋아하는 V 과일은 V 사과 V 배등 V 많다.

빈칸 채워가며 문장력 기르기

띄어쓰기에 맞게 빈칸을 채우고, 이어지는 문장을 자유롭게 완성하세요.

수박및참외

__________는 여름을 대표하는 과일이다. 크기는 수박이 __________

__________.

상추배추등

쌈은 밥과 고기를 __________에 싸서 먹는 것이다. 쌈에 밥과 고기를 너무 많이 넣으면 __________.

정확한 띄어쓰기로 글쓰기

✎ 앞서 공부한 띄어쓰기에 맞게 문장을 만들어 보세요.

다음 문장을 띄어쓰기에 맞게 써 보세요.

당근및양파와고기및버섯을넣다.

위의 문장을 넣어 짧은 글을 써 보세요.

또래 친구가 쓴 글 살펴보기

✎ 친구가 쓴 문장을 한 글자씩 따라 써 보세요.

다음 문장을 띄어쓰기에 맞게 써 보세요.

전갈및복어는독을가지고있다.

	전	갈		및		복	어	는
독	을		가	지	고		있	다	.

위의 문장이 들어간 글을 따라 쓰세요.

	전	갈		및		복	어
는		독	을		가	지	고
있	다	.	이		중		전
갈	은		꼬	리	의		독
으	로		적	을		공	격
한	다	.					

Chapter 3.

속담,
사자성어,
관용어

속담 바로 알기 1

✎ 다음을 읽고 속담의 뜻을 정확히 익혀 보세요.

우물 안 개구리

우물 밖을 한 번도 나가 본 적 없는 개구리가 좁은 우물에 갇혀서 자신의 세상이 전부인 줄 아는 것을 말합니다. 세상이 넓은 줄 모르는 어리석은 사람을 뜻합니다.

원숭이도 나무에서 떨어진다

원숭이는 나무를 잘 타지만 실수로 나무에서 떨어지기도 합니다. 아무리 무언가에 익숙하고 잘하는 사람도 실수를 할 때가 있다는 것을 의미합니다.

11일차

✎ 다음을 읽고 올바른 표현을 적어 보세요.

개구리는 자신이 사는 우물이 세상에서 가장 넓다고 생각했다. 자신이 알고 있는 것을 전부라고 착각하는 것을   라고 한다.

                                    고,

잘하는 일이라고 자신만만해하다가 실수를 할 수 있습니다.

잘하는 일도 꼼꼼히 확인하는 것이 중요합니다.

✎ 빈 칸에 알맞은 속담을 넣고, 이어지는 문장을 자유롭게 완성하세요.

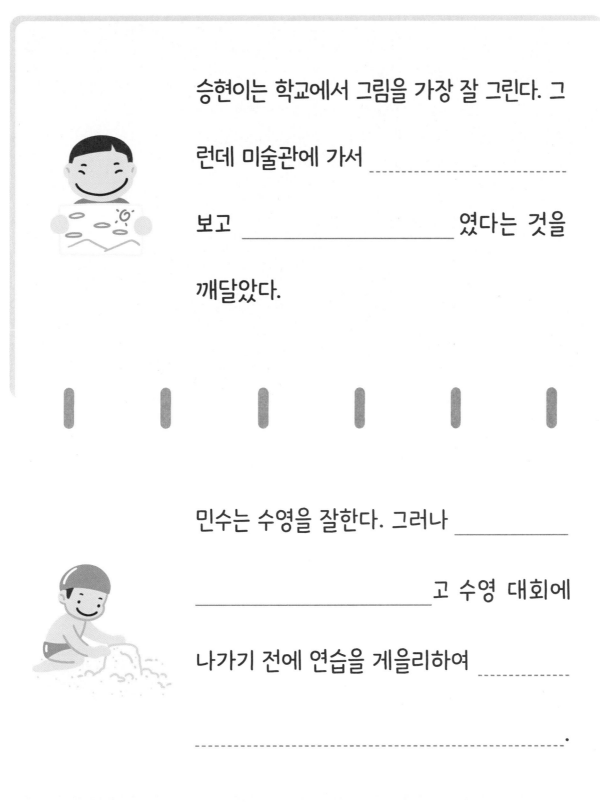

승현이는 학교에서 그림을 가장 잘 그린다. 그런데 미술관에 가서 _____

보고 _____였다는 것을

깨달았다.

| | | | | | |

민수는 수영을 잘한다. 그러나 _____

_____고 수영 대회에

나가기 전에 연습을 게을리하여 _____

_____.

63

✎ 앞서 공부한 속담으로 문장을 만들어 보세요.

11일차

'우물 안 개구리'라는 말을 넣어 짧은 문장을 써 보세요.

'원숭이도 나무에서 떨어진다'라는 말을 넣어 짧은 문장을 써 보세요.

또래 친구가 쓴 글 살펴보기

✎ 친구가 쓴 문장을 한 글자씩 따라 써 보세요.

우물 안 개구리

	한	자	책	만		읽	은
선	비	는		우	물		안
개	구	리	다	.	다	양	한
책	을		두	루	두	루		읽
어	야		한	다	.		

원숭이도 나무에서 떨어진다

	반	에	서		달	리	기
1	등	인		은	수	가		넘
어	지	고		말	았	다	.	가
끔	은		원	숭	이	도		나
무	에	서		떨	어	진	다	.

✏️ 다음을 읽고 속담의 뜻을 정확히 익혀 보세요.

가는 말이 고와야 오는 말이 곱다

내가 남에게 잘해야 남도 나에게 잘한다는 뜻입니다.

낮말은 새가 듣고 밤말은 쥐가 듣는다

낮에 하는 말은 새가 듣고 밤에 하는 말은 쥐가 듣는다는 말입니다.

다른 사람을 욕하거나 흉보는 말을 하면 그 사람의 귀에 들어가기 쉽기 때문에 말을 조심하라는 뜻입니다.

12일차

✏️ 다음을 읽고 올바른 표현을 적어 보세요.

내가 먼저 좋은 말을 하고 좋은 행동을 하니까, 상대방도 나에게 좋은 말과 행동을 보여준다.

다른 사람을 나쁘게 말하지 말아야 한다.

　　　　　　　　　　　　　　　　　　　　고

결국 내가 한 말은 다른 사람의 귀에 들어가게 된다.

빈칸 채워가며 문장력 기르기

빈 칸에 알맞은 속담을 넣고, 이어지는 문장을 자유롭게 완성하세요.

빵집 주인은 항상 손님들에게 친절하게

인사한다. _____

_____고 빵집에 가는 손님들도

_____ .

친구에게 비밀이라고 했던 말을 반 친구들

까지 알게 되었다. _____

_____고 비밀은 _____

_____ .

12일차

67

정확한 속담으로 글쓰기

✎ 앞서 공부한 속담으로 문장을 만들어 보세요.

'가는 말이 고와야 오는 말이 곱다'라는 말을 넣어 짧은 문장을 써 보세요.

12일차

'낮말은 새가 듣고 밤말은 쥐가 듣는다'라는 말을 넣어 짧은 문장을 써 보세요.

또래 친구가 쓴 글 살펴보기

✎ 친구가 쓴 문장을 한 글자씩 따라 써 보세요.

가는 말이 고와야 오는 말이 곱다

	가	는		말	이		고	와
야		오	는		말	이		곱
다	고		가	족	끼	리		좋
은		말	을			하	면	화
목	해	진	다	.				

낮말은 새가 듣고 밤말은 쥐가 듣는다

	낮	말	은		새	가		듣	고
밤	말	은		쥐	가		듣	는	다
고		독	립	운	동	가	들	은	
비	밀	이		새	어		나	가	지
않	도	록		조	심	했	다	.	

사자성어 바로 알기 1

✎ 다음의 사자성어의 뜻을 정확히 익혀 보세요.

십중팔구(十中八九)

열 번 중 여덟이나 아홉 정도로 거의 대부분이거나 틀림없다는 뜻입니다.

구사일생(九死一生)

아홉 번 죽을 뻔하다가 한 번 살아난다는 뜻으로, 죽을 고비를 여러 차례 넘기고 겨우 살아남을 이르는 말입니다.

13일차

✎ 다음을 읽고 올바른 표현을 적어 보세요.

먹구름이 보이면   비가 온다. 나는

집에서 우산을 가지고 나왔다.

임금은 신하의 도움으로 전쟁터에서

으로 살았다. 임금은 신하에게 고마움을 표시했다.

✏️ 빈 칸에 알맞은 사자성어를 넣고, 이어지는 문장을 자유롭게 완성하세요.

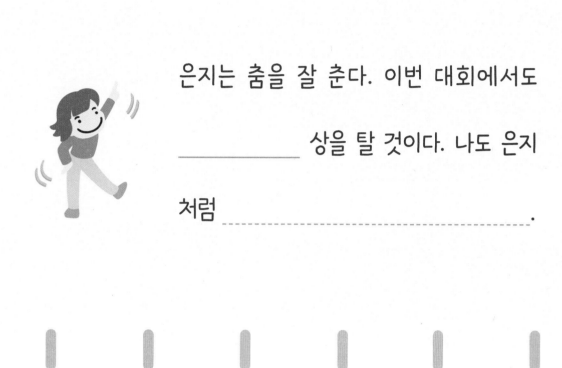

은지는 춤을 잘 춘다. 이번 대회에서도

_____ 상을 탈 것이다. 나도 은지

처럼 _____.

뜨거운 사막을 걷던 사람들은 목마름을

느꼈다. 그때 _____으로 _____

_____ 물을 마실 수 있었다.

13일차

71

정확한 사자성어로 글쓰기

✎ 앞서 공부한 사자성어로 문장을 만들어 보세요.

'십중팔구'라는 말을 넣어 짧은 문장을 써 보세요.

13일차

'구사일생'이라는 말을 넣어 짧은 문장을 써 보세요.

또래 친구가 쓴 글 살펴보기

✎ 친구가 쓴 문장을 한 글자씩 따라 써 보세요.

십중팔구

	그	녀	는		태	권	도		금
메	달	을		딴		선	수	다	.
이	번		경	기	도		십	중	팔
구		우	승	할		것	이	다	.

구사일생

	아	기		돼	지		삼	형	제
중		막	내		돼	지	는		튼
튼	한		벽	돌	집	을		지	었
다	.	튼	튼	한		집		덕	분
에		늑	대	의		공	격	으	로
부	터		구	사	일	생	으		로
살	았	다	.						

73

사자성어 바로 알기 2

✎ 다음의 사자성어의 뜻을 정확히 익혀 보세요.

동문서답(東問西答)

동쪽을 물었는데 서쪽을 답한다는 말로 묻는 말에 엉뚱한 답을 한다는 뜻입니다.

소탐대실(小貪大失)

작은 이익을 탐내다가 오히려 큰 것을 잃는다는 뜻이다.

14일차

✎ 다음을 읽고 올바른 표현을 적어 보세요.

어제 밤에 늦게 자서 오늘 오전 수업 시간에 졸았다.

그래서 선생님 질문에   을 하고야

말았다.

욕심내서 차가운 아이스크림을 두 개나 먹고 배탈이

나서 병원에 갔다. 아이스크림을 욕심내다가

                    하였다.

익힘 2 빈칸 채워가며 문장력 기르기

✎ 빈 칸에 알맞은 사자성어를 넣고, 이어지는 문장을 자유롭게 완성하세요.

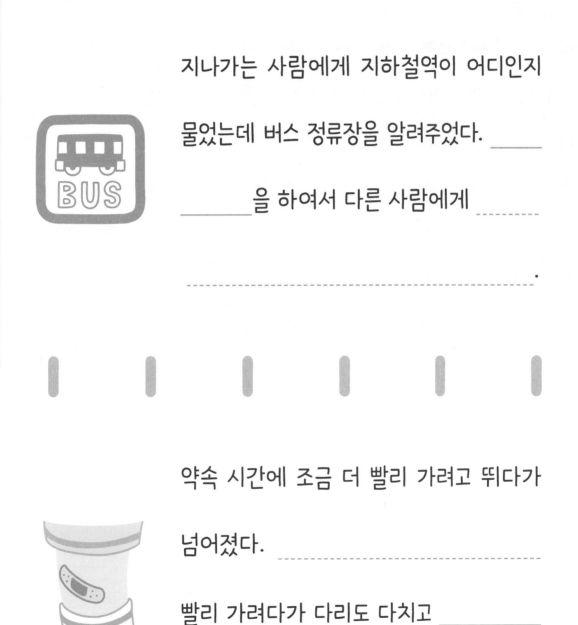

지나가는 사람에게 지하철역이 어디인지

물었는데 버스 정류장을 알려주었다. _____

_____을 하여서 다른 사람에게 _____

_____ .

약속 시간에 조금 더 빨리 가려고 뛰다가

넘어졌다. _____

빨리 가려다가 다리도 다치고 _____

이었다.

14일차

75

정확한 사자성어로 글쓰기

✎ 앞서 공부한 사자성어로 문장을 만들어 보세요.

> '동문서답'이라는 말을 넣어 짧은 문장을 써 보세요.

14일차

> '소탐대실'이라는 말을 넣어 짧은 문장을 써 보세요.

또래 친구가 쓴 글 살펴보기

✎ 친구가 쓴 문장을 한 글자씩 따라 써 보세요.

동문서답

	영	어		시	험	에		공	부
하	지		않	은		단	어	가	
나	와	서		답	안	지	에		동
문	서	답	을		적	었	다	.	

소탐대실

	황	금	알	을		낳	는		거
위	를		가	진		농	부	는	
더		많	은		황	금	을		가
지	려	고		거	위	의		배	를
갈	랐	다	.	그	래	서		거	위
가		죽	고		말	았	다	.	지
나	치	게		욕	심	을		내	면
소	탐	대	실	하	게		된	다	.

관용어 바로 알기

✎ 다음을 읽고 관용어를 정확히 익혀 보세요.

눈살을 찌푸리다

눈살은 두 눈썹 사이의 주름을 의미합니다.
못마땅한 마음을 나타내는 뜻으로 쓰입니다.

손사래를 치다

손을 펴서 마구 휘젓는 모양을 말합니다. 거절의 의미나 그러한 사실이 없다는 뜻을
의미합니다.

✎ 다음을 읽고 올바른 표현을 적어 보세요.

길에 쓰레기를 함부로 버리는 모습은 사람들의 눈살 /

눈쌀 을 찌푸리게 만들었다.

화장실 청소는 모두가 하기 싫어서 손사레 / 손사래

를 친다.

15일차

빈 칸에 알맞은 표현을 넣고, 이어지는 문장을 자유롭게 완성하세요.

도서관에서 시끄럽게 떠드는 행동은 사람들

의 ____을 찌푸리게 한다. 도서관에서는

--- .

고양이가 싫다고 _____를 치던 아빠가

지금은 -----------------------------------

----------------------------------- 하신다.

79

정확한 관용어로 글쓰기

✎ 앞서 공부한 관용어로 문장을 만들어 보세요.

'눈살을 찌푸리다'라는 말을 넣어 짧은 문장을 써 보세요.

'손사래를 치다'라는 말을 넣어 짧은 문장을 써 보세요.

15일차

또래 친구가 쓴 글 살펴보기

✎ 친구가 쓴 문장을 한 글자씩 따라 써 보세요.

눈살을 찌푸린다

	버	스	나		지	하	철	에
서		질	서	를		지	키	지
않	는		행	동	에		사	람
들	이		눈	살	을		찌	푸
린	다	.						

손사래를 쳤다

	장	기	자	랑	으	로		강
당	에	서		노	래	를		부
르	라	고		하	여		나	는
부	끄	러	움	에		손	사	래
를		쳤	다	.				

81

Chapter 4.

교과별 글쓰기 실전 연습

국어 교과서 글쓰기 1 〈독서감상문〉

✎ 다음을 읽고 목적에 맞는 글쓰기 작성법을 익혀 보세요.

독서 감상문은 어떻게 써야 할까?

❶ 줄거리를 요약하고 느낀 점을 쓴다.

❷ 주인공에게 편지를 써서 궁금한 점을 물어본다.

❸ 친구에게 책을 소개하는 편지글을 쓴다.

❹ 책을 읽고 새롭게 알게 된 점을 적어 본다.

❺ 책 내용과 자신의 경험을 섞어 쓴다.

　이렇게 독서 감상문을 쓰는 방법은 다양합니다. 정해진 형식을 그대로 따르기보다는 자신이 표현하고 싶은 방식으로 책에 대한 감상문을 매일 꾸준히 적어보기 바랍니다.

감상문 Q&A

Q. 처음 시작할 때 뭐라고 써야 할지 모르겠어요.

A. 책을 읽게 된 동기나 책에 대한 첫 느낌을 써 보세요.

Q. 한 권의 책에 여러 내용이 담겨 있으면 어떻게 하죠?

A. 가장 인상 깊은 내용을 소개하거나 책 전체의 감상을 적은 뒤 한편을 골라 자세히 적어 보세요.

Q. 제목은 어떻게 지어야 하나요?

A. 책을 읽고 난 뒤 느낌과 생각을 한 문장으로 표현해 보세요. 제목을 통해 자신의 생각을 효과적으로 드러낼 수 있습니다.

✎ 빈 칸에 자신의 감상을 넣고, 나만의 글로 완성하세요.

게으른 사람이 될 수는 없어.

- 〈소가 된 젊은이〉를 읽고

이 책에 나오는 주인공은 매일 놀고먹고 잠만 자기 일쑤였다. 그런데 어느 날, 한 노인이 나타나 탈을 건네주는데 이것을 쓰고 주인공은 소가 되어 버렸다. 이후 시장에 팔려가 매 맞으며 힘든 일을 하다가 죽으려고 무를 먹는다. 나는 이 모습을 보며 ＿＿＿＿＿＿＿＿＿ 라는 생각을 하였다. 다행히 주인공은 무를 먹은 뒤 사람으로 돌아오게 되고, 게으른 자신의 모습을 반성하며 부지런한 사람이 된다.

이 책을 읽고 난 뒤 ＿＿＿＿＿＿＿＿＿ 하기로 다짐하였다.

16일차

정확한 표현으로 글쓰기

✎ 〈시튼의 동물기〉를 읽고 자신만의 독서 감상문을 완성해 보세요.

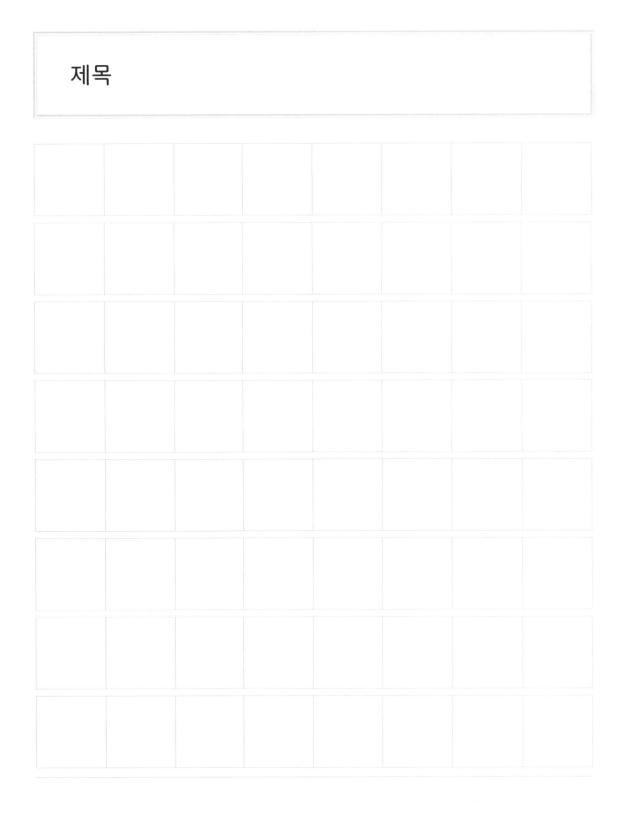

제목						

16일차

또래 친구가 쓴 글 살펴보기

✎ 친구가 쓴 문장을 한 글자씩 따라 써 보세요.

제목   시튼은 내 친구

	시	튼	은		어	릴		때
부	터		야	생	동	물	들	과
친	하	게		지	내	며		동
물	에		대	한		애	정	을
갖	게		된	다	.		나	도
시	튼	과		같	이		무	언
가	를		깊	이		사	랑	한
다	면		그	것	을		위	해
최	선	을		다	해	야	겠	다
고		다	짐	했	다	.		

16일차

국어 교과서 글쓰기 2 〈동시〉

✏️ 다음을 읽고 목적에 맞는 글쓰기 작성법을 익혀 보세요.

동시는 어떻게 써야 할까?

① 꾸미지 않고 솔직하게 쓴다.

② 생각이나 느낌을 짧게 표현한다.

③ 비유적 표현을 사용한다.

④ 노래를 부르는 듯한 리듬감이 느껴지게 쓴다.

⑤ 사물을 떠올리며 생동감 있게 표현한다.

동시는 마음속에 일어나는 생각이나 느낌을 비교적 짧은 문장으로 표현한 글입니다. 따라서 긴 글을 짧게 표현한다고 생각하고, 리듬감 있게 문장을 구성하는 것이 중요합니다. 비유적 표현에는 은유법, 직유법 등이 있는데 '마치 ~하듯이' '~처럼' '~인 양'과 같은 표현을 쓰는 직유법과 'A는 B이다'라고 표현하는 은유법을 사용할 수 있습니다.

동시 Q&A

Q. 동시의 연과 행이 무엇인가요?

A. 행은 동시의 한 줄 한 줄을 의미하고, 연은 행과 행이 합쳐진 단락을 의미합니다.

Q. 동시의 글감은 어디에서 찾을 수 있나요?

A. 우리 어린이들의 생활에서 일어나는 모든 일들이 동시의 글감이 될 수 있습니다. 하루하루 생활하는 것들, 보고 느끼는 것들에 대해 동시로 표현해 보세요.

빈칸 채워가며 글감 찾기

🖉 그림을 보고 떠오르는 동시의 글감을 생각하여 빈칸을 채워 보세요.

놀이터, 그네, 미끄럼틀,

학교, 친구들, 교실,

17일차

정확한 표현으로 동시 쓰기

✎ 앞서 정리한 글감 가운데 하나를 골라 나만의 동시를 적어 보세요.

제목

17일차

90

또래 친구가 쓴 글 살펴보기

✎ 친구가 쓴 문장을 한 글자씩 예쁘게 따라 써 보세요.

제목 파도

솜	사	탕		파	도	
만	지	면		샤	르	르
녹	을		것		같	다
요	술	쟁	이		파	도
왔	다	갔	다		길	을
만	드	는		것		같	다
내		마	음	은		
파	도		속	에		있	다

17일차

수학 교과서 글쓰기 〈문장제 답안〉

✏️ 다음을 읽고 목적에 맞는 글쓰기 작성법을 익혀 보세요.

문장제 답안은 어떻게 써야 할까?

길이가 ⭕13m 70cm⭕인 노란색 끈과 길이가 ⭕738cm⭕인 파란색 끈이 있습니다. 노란색 끈은 파란색 끈보다 몇 m 몇 cm 더 긴지 구해 보세요.

❶ 문제를 읽고 주어진 것과 구하는 것을 찾는다.

　1) 구하는 것에 밑줄을 치세요.

　2) 주어진 것에 동그라미 표시를 해두세요.

❷ 구해야 하는 것을 나눠서 하나씩 해결해 본다.

　1) 파란색 끈의 길이는 몇m 몇cm인지 구해 보세요.

　2) 노란색 끈은 파란색 끈보다 몇m 몇cm 더 긴지 구해 보세요.

❸ 풀이 과정을 차근차근 정리해 본다.

예시

파란색 끈의 길이는 7 m 38 cm 입니다.

노란색 끈의 길이는 13 m 70 cm 이므로,

노란색 끈이 파란색 끈보다 6 m 32 cm 더 깁니다.

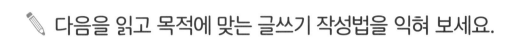

빈칸 채워가며 답안 완성하기

✎ 다음 문제를 보고 빈칸을 채워가며 문제의 풀이를 완성해 보세요.

Q. 민이는 과일 가게에서 방울토마토가 (10개씩) 들어 있는 묶음을

(5봉지) 사왔습니다. 민이가 사온 방울토마토는 모두 몇 개일까요?

① 민이가 사온 방울토마토는 한 묶음에   10   개씩 들어있습

니다.

②   10   개씩 들어있는 봉지가   5   개입니다.

③ 민이가 사온 방울토마토는 모두   50   개입니다.

18일차

정확한 표현으로 답안 쓰기

✎ 다음 문제에 대한 풀이 과정을 서술형으로 정리해 보세요.

> **Q** 이준이는 10원짜리 동전 5개, 50원짜리 동전 7개, 100원짜리 동전 3개를 가지고 있습니다. 이준이가 가진 동전은 모두 얼마일까요?

또래 친구가 쓴 글 살펴보기

✏ 친구가 쓴 답안을 한 글자씩 따라 써 보세요.

> **Q** 이준이는 10원짜리 동전 5개, 50원짜리 동전 7개, 100원짜리 동전 3개를 가지고 있습니다. 이준이가 가진 동전은 모두 얼마일까요?

10원짜리 동전이 5개 있으면 50원이고,

50원짜리 동전이 7개 있으면 350원이고,

100원짜리 동전이 3개 있으면 300원이다.

50+350+300 = 700이므로,

이준이가 가진 동전은 모두 700원이다.

18일차

사회 교과서 글쓰기 〈기행문〉

✎ 다음을 읽고 목적에 맞는 글쓰기 작성법을 익혀 보세요.

기행문은 어떻게 써야 할까?

* 기행문이 무엇일까?

기행문은 여행하면서 보고 듣고 느낀 점을 쓰는 글입니다.

❶ 어디를 여행했는지 시간과 장소가 잘 드러나게 쓴다.

❷ 무엇을 보고 들었는지를 자세하게 쓴다.

❸ 여행하면서 들었던 생각이나 느낌을 쓴다.

기행문은 보통 여행 일정과 보고 느낀 점을 시간 순서에 따라 적습니다. 여행을 통해 새롭게 알게 된 사실이나 느낀 점, 좋았던 점 등을 자세히 작성하고, 여행이 끝난 후 아쉬웠던 점이 있다면 그 내용에 대하여 간략히 작성해 볼 수 있습니다.

기행문 Q&A

Q. 처음 시작은 어떻게 써야 할까요?

A. 여행의 이유나 목적, 여행을 떠나기 전의 기대와 설렘을 써 보세요. 또는 출발할 때의 날씨는 어땠는지, 무엇을 타고 갔는지, 도착할 때까지 걸린 시간이나 여행 일정 등을 소개할 수 있어요.

Q. 무엇을 관찰해야 하나요?

A. 어떤 장소를 방문해 직접 본 것과 들은 것을 써 보세요. 자세하게 작성한다면 같이 여행하고 있는 생생한 느낌이 들 거예요.

Q. 관찰 일지에도 자신의 생각을 적나요?

A. 여행하면서 들었던 생각이나 느낌까지 작성해 보세요.

✎ 빈 칸에 자신의 감상을 넣고, 나만의 글로 완성하세요.

고인돌을 찾아서

나는 가족과 함께 강화도에 갔다. 맨 처음 가는 장소는 고인돌이 있는 곳

이었다. 고인돌은 우리나라에 가장 많다고 책에서 봤다. 책에서만 보던

_____ .

고인돌은 돌 두 개를 세우고 그 위에 큰 돌을 올린 식탁 같은 모양이었다.

아무것도 모르고 보면 큰 바위로만 보이는데 무덤이라니 신기했다. 저렇

게 큰 돌을 올리려면 많은 사람의 힘이 필요할 것 같았다. 고인돌은 강화

도에서 본 것과는 모양이 다른 것도 있다고 한다. 다음번엔 _____

_____ .

97

정확한 표현으로 글쓰기

✎ 앞서 공부한 내용을 바탕으로 자신만의 기행문을 완성해 보세요.

제목

19일차

또래 친구가 쓴 글 살펴보기

✎ 친구가 쓴 문장을 한 글자씩 따라 써 보세요.

제목	제주도 여행

	비	행	기	를		타	고	
제	주	도	에		갔	다	.	첫
째	날	은		말	을		탔	다 .
말	이		빨	리		걸	어	서
조	금		무	서	웠	다	.	둘
째		날	은		해	수	욕	장
에		갔	다	.	햇	볕	은	
뜨	거	웠	지	만		바	다	에
발	을		담	그	니		발	이
시	원	했	다	.				

19일차

과학 교과서 글쓰기 〈관찰일지〉

✎ 다음을 읽고 목적에 맞는 글쓰기 작성법을 익혀 보세요.

관찰일지는 어떻게 써야 할까?

★ 관찰일지가 무엇일까?

관찰은 대상이나 사물, 현상 등을 주의하여 자세히 살펴보는 일을 뜻하고, 일지는 그날그날의 일을 적은 기록이나 책을 의미합니다. 따라서 관찰일지는 관찰한 내용을 기록한 글을 말합니다.

❶ 무엇을 관찰할지 대상을 정하고 관찰하게 된 이유, 계획을 쓴다.

❷ 관찰한 내용을 객관적, 사실적으로 쓴다.

❸ 관찰 결과, 관찰 활동을 통해 알게 된 점, 느낀 점을 쓴다.

관찰일지는 그림이나 사진을 넣어 생생하게 표현할 수 있습니다.

관찰일지 Q&A

Q. 처음 시작은 어떻게 써야 할까요?

A. 관찰 대상과 관찰 주제를 정하고 날짜, 장소, 관찰 방법 등을 기록해요.

Q. 무엇을 관찰해야 하나요?

A. 동물이나 식물을 관찰할 수 있어요. 관찰 대상의 색, 모양, 길이나 크기, 냄새, 촉감 등을 관찰하고 쓰면 됩니다.

Q. 관찰 일지에도 자신의 생각을 적나요?

A. 관찰 활동을 통해 보고 배우고 느낀 점이나 고쳐야 할 점에 대해 쓰면 됩니다.

빈칸 채워가며 문장력 기르기

✏️ 빈 칸에 자신의 감상을 넣고, 나만의 글로 완성하세요.

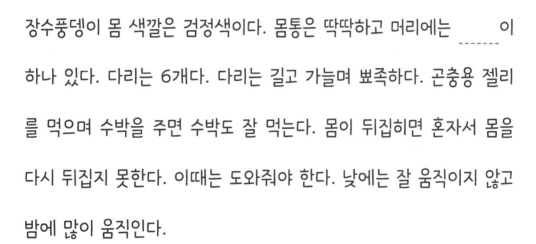

- 관찰 대상 : 장수풍뎅이
- 관찰 일자 : 매일
- 관찰 장소 : 우리집
- 관찰 내용 :

장수풍뎅이 몸 색깔은 검정색이다. 몸통은 딱딱하고 머리에는 ⎯⎯⎯ 이

하나 있다. 다리는 6개다. 다리는 길고 가늘며 뾰족하다. 곤충용 젤리

를 먹으며 수박을 주면 수박도 잘 먹는다. 몸이 뒤집히면 혼자서 몸을

다시 뒤집지 못한다. 이때는 도와줘야 한다. 낮에는 잘 움직이지 않고

밤에 많이 움직인다.

- 느낀 점 :

장수풍뎅이는 2~3개월 살 수 있다고 한다. ⎯⎯⎯⎯⎯⎯⎯⎯⎯

⎯⎯⎯⎯⎯⎯⎯⎯⎯⎯⎯⎯⎯⎯⎯⎯⎯ .

정확한 표현으로 글쓰기

✎ 앞서 공부한 내용을 바탕으로 자신만의 관찰일지를 완성해 보세요.

제목

20일차

102

또래 친구가 쓴 글 살펴보기

✎ 친구가 쓴 문장을 한 글자씩 따라 써 보세요.

제목	강아지 관찰일지

	우	리	집		강	아	지
팡	구	의		털	은		흰	색
이	고		부	드	럽	다	.	뾰
족	한		팡	구		귀	는	
내	가		말	을		할		때
마	다		움	직	인	다	.	짧
은		꼬	리	를		붕	붕	
흔	든	다	.	팡	구	가		좋
아	하	는		산	책	을		많
이		시	켜	줘	야	겠	다	.

20일차

Part 3

부모님과
선생님이
함께 보는
쓰기력 지도법

국어교과서

 독서감상문을 쓰는 방법에 대해 지도하기

1) ○○이가 가장 감명 깊게 읽은 책은 뭐가 있을까?

2) 〈시튼의 동물기〉를 한 번 읽고, 제일 기억에 남는 문장을 찾아보자.

3) 이 책을 읽고 새롭게 알게 된 점이나 몰랐던 낱말은 뭐가 있을까?

4) 책의 줄거리와 느낀 점을 문장으로 정리해 볼까?

5) 이제 친구의 글을 읽어보고 나만의 독서감상문을 만들어 볼까?

 동시를 쓰는 방법에 대해 지도하기

1) 평소 가장 좋아하는 동시를 한 가지 이야기해 볼까?

2) 그 시에서 인상 깊었던 점은 무엇인지 말해 볼래?

3) 내 주변의 이야기 중 동시의 소재를 찾아본다면 어떤 게 있을까?

4) 동시를 쓰기 전에 일기 형식으로 나만의 이야기를 완성해 볼까?

5) 일기 형식으로 쓴 글을 짧은 문장으로 바꿔서 동시를 완성해 보자.

수학교과서

 문장제 수학 답안을 쓰는 방법에 대해 지도하기

1) 문제를 읽고 구하는 것이 무엇인지 정리해 볼까?

2) 묶음이 무슨 뜻인지 말해 볼까?

3) 한 묶음에는 몇 개가 들어있을까?

4) 묶음은 모두 몇 개인지 확인해 볼까?

5) 더하거나 곱해서 전체 방울토마토 개수를 계산해 볼까?

 문장제 수학 답안을 쓰는 방법에 대해 지도하기

1) 문제를 읽고 구하는 것이 무엇인지 정리해 볼까?

2) 동전의 종류는 무엇이 있을까?

3) 각 동전의 개수는 몇 개일까?

4) 각 동전별로 얼마인지 계산해 볼까?

5) 각 동전별로 얼마인지 계산한 값을 더해 볼까?

기행문을 쓰는 방법에 대해 지도하기

1) 기억에 남는 여행지가 있다면 말해 볼까?

2) 여행의 이유나 여행 전 기분이 어땠는지 생각해 볼까?

3) 여행을 간 날짜나 날씨, 일정을 떠올려 볼까?

4) 여행지에서 보고 들은 것을 정리해 볼까?

5) 여행을 통해 느낀 점, 아쉬웠던 점이 있다면 작성해 보자.

관찰일지를 쓰는 방법에 대해 지도하기

1) 관찰 대상은 무엇으로 정했는지 이야기해 볼까?

2) 관찰 대상을 정한 이유가 무엇인지 생각해 볼까?

3) 어떻게 관찰 계획을 세울 것인지 정리해 보자.

4) 모양, 색깔, 크기, 길이, 냄새 등이 어떤지 이야기해 볼까?

5) 관찰을 통해 어떤 점을 느꼈는지 적어 볼까?

18쪽

18쪽

익힘 1 헷갈리기 쉬운 말 바로 알기

월 일 요일

✎ 다음을 읽고 표현을 정확히 익혀 보세요.

며칠 (○)	몇일 (×)
그 달의 몇 번째 날 또는 여러 날을 의미	'며칠'의 잘못된 표현

가까이	곰곰이
거리가 조금 떨어져 있거나 서로 친밀한 상태	깊이 생각하고 고민하는 모양

깨끗이	솔직히
더럽지 않게 잘 정돈된 상태	거짓말을 하거나 숨기는 것 없이 바른 상태

✎ 다음을 읽고 올바른 표현을 찾아 보세요.

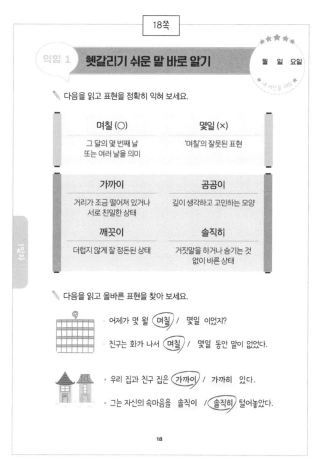

- 어제가 몇 월 (며칠) / 몇일 이었지?
- 친구는 화가 나서 (며칠) / 몇일 동안 말이 없었다.

- 우리 집과 친구 집은 (가까이) / 가까히 있다.
- 그는 자신의 속마음을 솔직이 / (솔직히) 털어놓았다.

18

19쪽

19쪽

익힘 2 빈칸 채워가며 문장력 기르기

빈 칸에 알맞은 표현을 넣고, 이어지는 문장을 자유롭게 완성하세요.

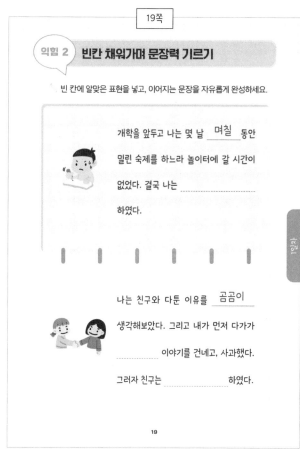

개학을 앞두고 나는 몇 날 __며칠__ 동안 밀린 숙제를 하느라 놀이터에 갈 시간이 없었다. 결국 나는 _____ 하였다.

나는 친구와 다툰 이유를 __곰곰이__ 생각해보았다. 그리고 내가 먼저 다가가 _____ 이야기를 건네고, 사과했다.

그러자 친구는 _____ 하였다.

19

22쪽

22쪽

익힘 1 뜻에 맞게 써야 하는 말1 바로 알기

월 일 요일

✎ 다음을 읽고 표현을 정확히 익혀 보세요.

잊어버리다	잃어버리다
알았던 것을 기억하지 못하다.	가졌던 물건이 없어지게 되다.

─장이	─쟁이
무엇을 다루는 특별한 기술을 가진 사람	어떠한 성질 또는 행동을 가진 사람
예 대장장이, 구두장이, 미장이, 간판장이	욕심쟁이, 멋쟁이, 개구쟁이, 심술쟁이

✎ 다음을 읽고 올바른 표현을 찾아 보세요.

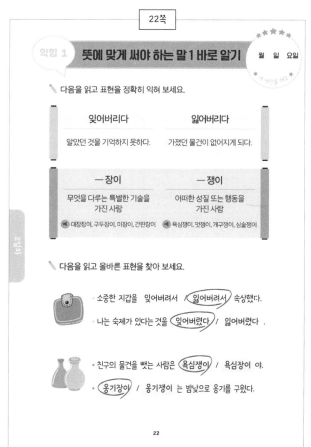

- 소중한 지갑을 잊어버려서 / (잃어버려서) 속상했다.
- 나는 숙제가 있다는 것을 (잊어버렸다) / 잃어버렸다 .

- 친구의 물건을 뺏는 사람은 (욕심쟁이) / 욕심장이 야.
- (옹기장이) / 옹기쟁이 는 밤낮으로 옹기를 구웠다.

22

23쪽

23쪽

익힘 2 빈칸 채워가며 문장력 기르기

빈 칸에 알맞은 표현을 넣고, 이어지는 문장을 자유롭게 완성하세요.

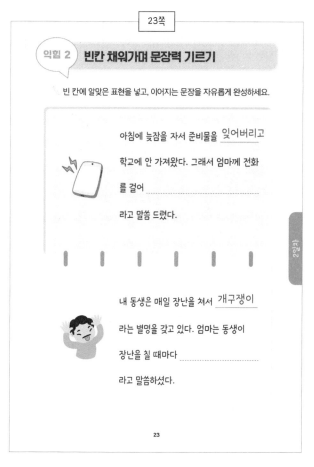

아침에 늦잠을 자서 준비물을 __잊어버리고__ 학교에 안 가져왔다. 그래서 엄마께 전화를 걸어 _____ 라고 말씀 드렸다.

내 동생은 매일 장난을 쳐서 __개구쟁이__ 라는 별명을 갖고 있다. 엄마는 동생이 장난을 칠 때마다 _____ 라고 말씀하셨다.

23

정답

26쪽

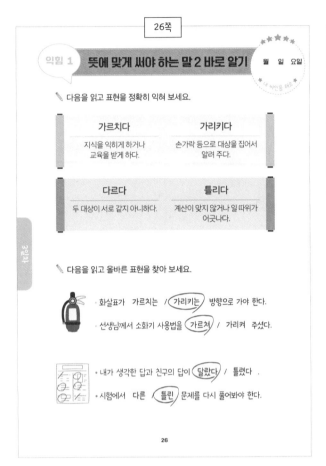

익힘 1 **뜻에 맞게 써야 하는 말 2 바로 알기** 월 일 요일

✏ 다음을 읽고 표현을 정확히 익혀 보세요.

가르치다	가리키다
지식을 익히게 하거나 교육을 받게 하다.	손가락 등으로 대상을 집어서 알려 주다.

다르다	틀리다
두 대상이 서로 같지 아니하다.	계산이 맞지 않거나 일 따위가 어긋나다.

✏ 다음을 읽고 올바른 표현을 찾아 보세요.

• 화살표가 가르치는 / (가리키는) 방향으로 가야 한다.
• 선생님께서 소화기 사용법을 (가르쳐) / 가리켜 주셨다.

• 내가 생각한 답과 친구의 답이 (달랐다) / 틀렸다 .
• 시험에서 다른 / (틀린) 문제를 다시 풀어봐야 한다.

26

27쪽

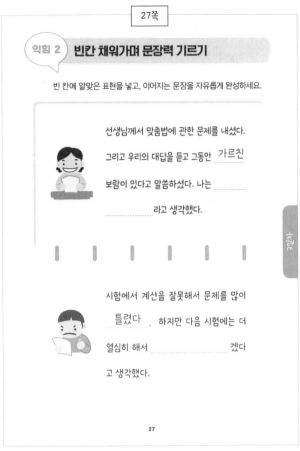

익힘 2 **빈칸 채워가며 문장력 기르기**

빈 칸에 알맞은 표현을 넣고, 이어지는 문장을 자유롭게 완성하세요.

선생님께서 맞춤법에 관한 문제를 내셨다. 그리고 우리의 대답을 듣고 그동안 가르친 보람이 있다고 말씀하셨다. 나는 ＿＿＿＿＿＿ ＿＿＿＿＿ 라고 생각했다.

시험에서 계산을 잘못해서 문제를 많이 틀렸다 . 하지만 다음 시험에는 더 열심히 해서 ＿＿＿＿＿ 겠다 고 생각했다.

27

30쪽

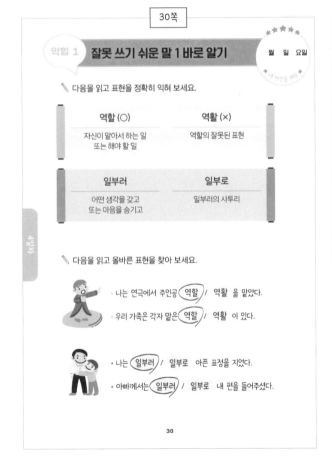

익힘 1 **잘못 쓰기 쉬운 말 1 바로 알기** 월 일 요일

✏ 다음을 읽고 표현을 정확히 익혀 보세요.

역할 (○)	역활 (×)
자신이 맡아서 하는 일 또는 해야 할 일	역할의 잘못된 표현

일부러	일부로
어떤 생각을 갖고 또는 마음을 숨기고	일부러의 사투리

✏ 다음을 읽고 올바른 표현을 찾아 보세요.

• 나는 연극에서 주인공 (역할) / 역활 을 맡았다.
• 우리 가족은 각자 맡은 (역할) / 역활 이 있다.

• 나는 (일부러) / 일부로 아픈 표정을 지었다.
• 아빠께서는 (일부러) / 일부로 내 편을 들어주셨다.

30

31쪽

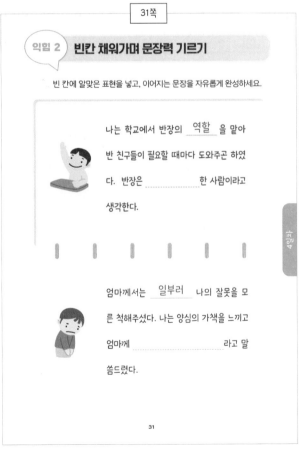

익힘 2 **빈칸 채워가며 문장력 기르기**

빈 칸에 알맞은 표현을 넣고, 이어지는 문장을 자유롭게 완성하세요.

나는 학교에서 반장의 역할 을 맡아 반 친구들이 필요할 때마다 도와주곤 하였다. 반장은 ＿＿＿＿＿ 한 사람이라고 생각한다.

엄마께서는 일부러 나의 잘못을 모른 척해주셨다. 나는 양심의 가책을 느끼고 엄마께 ＿＿＿＿＿ 라고 말씀드렸다.

31

34쪽

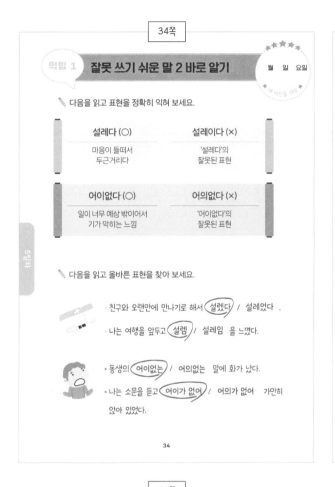

익힘 1 잘못 쓰기 쉬운 말 2 바로 알기 월 일 요일

✎ 다음을 읽고 표현을 정확히 익혀 보세요.

설레다 (○)	설레이다 (×)
마음이 들떠서 두근거리다	'설레다'의 잘못된 표현

어이없다 (○)	어의없다 (×)
일이 너무 예상 밖이어서 기가 막히는 느낌	'어이없다'의 잘못된 표현

✎ 다음을 읽고 올바른 표현을 찾아 보세요.

• 친구와 오랜만에 만나기로 해서 (설렜다) / 설레었다 .

• 나는 여행을 앞두고 (설렘) / 설레임 을 느꼈다.

• 동생의 (어이없는) / 어의없는 말에 화가 났다.

• 나는 소문을 듣고 (어이가 없어) / 어의가 없어 가만히 앉아 있었다.

34

35쪽

익힘 2 빈칸 채워가며 문장력 기르기

✎ 빈 칸에 알맞은 표현을 넣고, 이어지는 문장을 자유롭게 완성하세요.

다음 달 가족 여행을 앞두고 나는 마음이

한껏 ___설렜다___ . 하지만 여행이 갑자

기 취소되었다는 소식을 듣고 _____

_____ 하였다.

친구의 거짓말에 너무 ___어이가 없어___

친구의 얼굴을 바라보고만 있었다. 그러자

친구는 _____ 라고

이야기했다.

35

40쪽

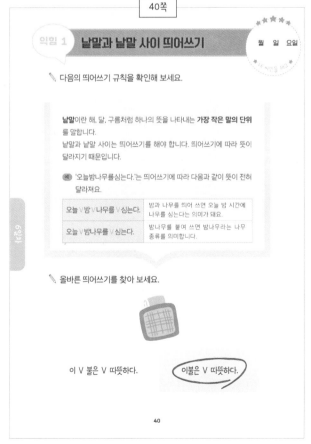

익힘 1 낱말과 낱말 사이 띄어쓰기 월 일 요일

✎ 다음의 띄어쓰기 규칙을 확인해 보세요.

낱말이란 해, 달, 구름처럼 하나의 뜻을 나타내는 **가장 작은 말의 단위**를 말합니다.
낱말과 낱말 사이는 띄어쓰기를 해야 합니다. 띄어쓰기에 따라 뜻이 달라지기 때문입니다.

예 '오늘밤나무를심는다.'는 띄어쓰기에 따라 다음과 같이 뜻이 전혀 달라져요.

오늘 V 밤 V 나무를 V 심는다.	밤과 나무를 띄어 쓰면 오늘 밤 시간에 나무를 심는다는 의미가 돼요.
오늘 V 밤나무를 V 심는다.	밤나무를 붙여 쓰면 밤나무라는 나무 종류를 의미합니다.

✎ 올바른 띄어쓰기를 찾아 보세요.

이 V 불은 V 따뜻하다.   (이불은 V 따뜻하다.)

40

41쪽

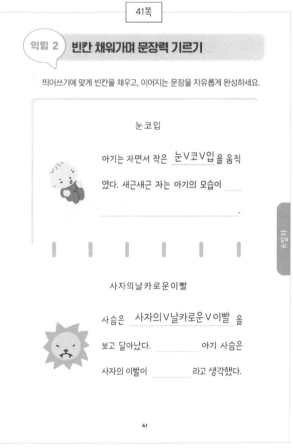

익힘 2 빈칸 채워가며 문장력 기르기

띄어쓰기에 맞게 빈칸을 채우고, 이어지는 문장을 자유롭게 완성하세요.

눈코입

아기는 자면서 작은 ___눈 V 코 V 입___ 을 움직

였다. 새근새근 자는 아기의 모습이

_____ .

사자의날카로운이빨

사슴은 ___사자의 V 날카로운 V 이빨___ 을

보고 달아났다. _____ 아기 사슴은

사자의 이빨이 _____ 라고 생각했다.

41

정답지

42쪽

익힘 3 **정확한 띄어쓰기로 글쓰기**

✎ 앞서 공부한 띄어쓰기에 맞게 문장을 만들어 보세요.

> 다음 문장을 띄어쓰기에 맞게 써 보세요.

코끼리코는길다

코	끼	리		코	는		길
다	.						

> 위의 문장을 넣어 짧은 글을 써 보세요.

6일차

44쪽

익힘 1 **조사 붙여쓰기**

월 일 요일

✎ 다음의 띄어쓰기 규칙을 확인해 보세요.

조사는 혼자서는 쓸 수 없는 말이에요. 따라서 앞 말에 붙여 써야 합니다.
-은/-는, -이/-가, -을/-를, -와/-과, -에, -의 등을 **조사**
라고 합니다.

예 우리는 V 친구다.
날씨가 V 좋아요.
밥을 V 먹는다.

✎ 올바른 띄어쓰기를 찾아 보세요.

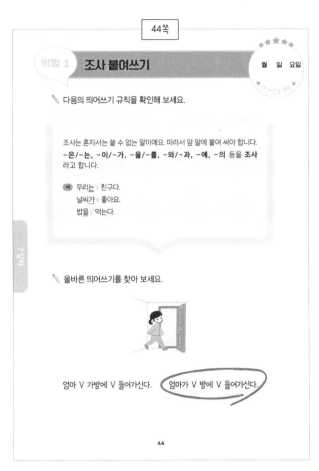

엄마 V 가방에 V 들어가신다.   엄마가 V 방에 V 들어가신다.

7일차

45쪽

익힘 2 **빈칸 채워가며 문장력 기르기**

✎ 띄어쓰기에 맞게 빈칸을 채우고, 이어지는 문장을 자유롭게 완성하세요.

바람이풀잎을흔든다.

산들산들한 바람이V풀잎을V흔든다.

얼굴에 닿는 바람이 ＿＿＿＿＿＿ 고
생각했다.

양이풀을뜯고있었다.

양떼 목장에 놀러갔다. 그곳에는 양이V풀을V

뜯고V있었다＿＿＿＿＿＿. 나는 양에게 직접

먹이도 주었다. 양이 ＿＿＿＿＿ 고 생각했다.

7일차

46쪽

익힘 3 **정확한 띄어쓰기로 글쓰기**

✎ 앞서 공부한 띄어쓰기에 맞게 문장을 만들어 보세요.

> 다음 문장을 띄어쓰기에 맞게 써 보세요.

횡단보도를건너다.

횡	단	보	도	를		건	너
다	.						

> 위의 문장을 넣어 짧은 글을 써 보세요.

7일차

48쪽

익힘 1 의존 명사 띄어쓰기

월 일 요일

✏️ 다음의 띄어쓰기 규칙을 확인해 보세요.

> 의존 명사는 조사처럼 앞의 말에 의존해서 쓰기 때문에 혼자 쓸 수는 없지만, 하나의 낱말로 보기 때문에 띄어쓰기를 해야 합니다. 예를 들어 '할 수 있다'의 '수'는 의존 명사인데 반드시 '할'이 같이 있어야 쓸 수 있습니다.
> **-수, -것, -만큼** 등을 **의존명사**라고 합니다.
>
> 예 나는∨할∨수∨있다.
> 　　먹을∨만큼∨먹다.

✏️ 올바른 띄어쓰기를 찾아 보세요.

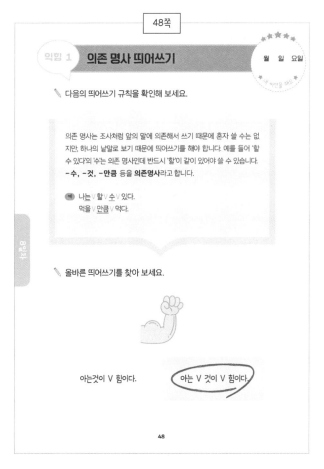

아는것이 ∨ 힘이다.　　아는 ∨ 것이 ∨ 힘이다.

48

49쪽

익힘 2 빈칸 채워가며 문장력 기르기

✏️ 띄어쓰기에 맞게 빈칸을 채우고, 이어지는 문장을 자유롭게 완성하세요.

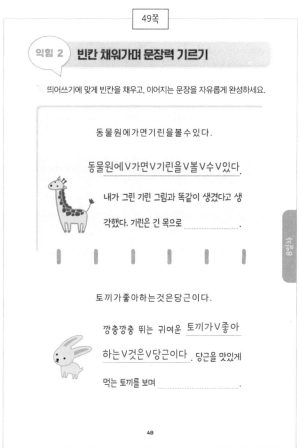

동물원에 가면 기린을 볼 수 있다.

동물원에∨가면∨기린을∨볼∨수∨있다.

내가 그린 기린 그림과 똑같이 생겼다고 생

각했다. 기린은 긴 목으로 _____.

토끼가 좋아하는 것은 당근이다.

깡충깡충 뛰는 귀여운 토끼가∨좋아

하는∨것은∨당근이다. 당근을 맛있게

먹는 토끼를 보며 _____.

49

50쪽

익힘 3 정확한 띄어쓰기로 글쓰기

✏️ 앞서 공부한 띄어쓰기에 맞게 문장을 만들어 보세요.

> 다음 문장을 띄어쓰기에 맞게 써 보세요.

배가 터질 만큼 먹었다.

| 배 | 가 | | 터 | 질 | | 만 | 큼 |
| 먹 | 었 | 다 | . | | | | |

> 위의 문장을 넣어 짧은 글을 써 보세요.

50

52쪽

익힘 1 단위를 나타내는 말 띄어쓰기

월 일 요일

✏️ 다음의 띄어쓰기 규칙을 확인해 보세요.

> 물건을 셀 때 '한 개', '두 개'라고 씁니다. 이처럼 수를 나타내는 말 뒤에 쓰이는 '개'는 띄어 씁니다.
> **단위를 나타내는 말은 '개, 마리, 켤레, 자루, 그루'** 등이 있습니다.
>
> 예 강아지∨한∨마리
> 　　연필∨한∨자루
> 　　구두∨한∨켤레

✏️ 올바른 띄어쓰기를 찾아 보세요.

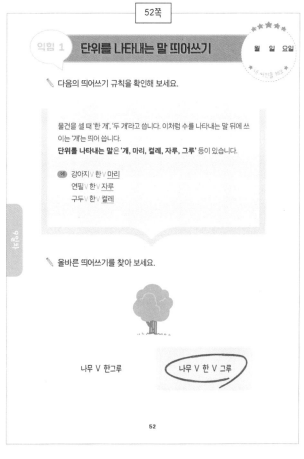

나무 ∨ 한그루　　나무 ∨ 한 ∨ 그루

52

113

정답보기

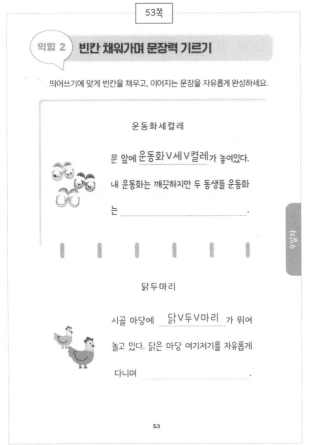

익힘 2 빈칸 채워가며 문장력 기르기

띄어쓰기에 맞게 빈칸을 채우고, 이어지는 문장을 자유롭게 완성하세요.

운동화 세 켤레

문 앞에 운동화∨세∨켤레가 놓여있다.

내 운동화는 깨끗하지만 두 동생들 운동화

는 _____.

닭 두 마리

시골 마당에 닭∨두∨마리 가 뛰어

놀고 있다. 닭은 마당 여기저기를 자유롭게

다니며 _____.

53

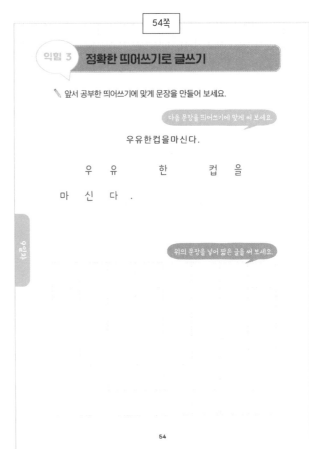

익힘 3 정확한 띄어쓰기로 글쓰기

앞서 공부한 띄어쓰기에 맞게 문장을 만들어 보세요.

다음 문장을 띄어쓰기에 맞게 써 보세요.

우유 한 컵을 마신다.

| 우 | 유 | | 한 | | 컵 | 을 |
| 마 | 신 | 다 | . | | | |

위의 문장을 넣어 짧은 글을 써 보세요.

54

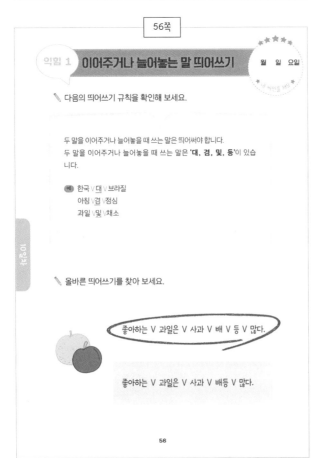

익힘 1 이어주거나 늘어놓는 말 띄어쓰기

월 일 요일

다음의 띄어쓰기 규칙을 확인해 보세요.

두 말을 이어주거나 늘어놓을 때 쓰는 말은 띄어써야 합니다.
두 말을 이어주거나 늘어놓을 때 쓰는 말은 '대, 겸, 및, 등'이 있습니다.

예 한국∨대∨브라질
아침∨겸∨점심
과일∨및∨채소

올바른 띄어쓰기를 찾아 보세요.

좋아하는 ∨ 과일은 ∨ 사과 ∨ 배 ∨ 등 ∨ 많다.

좋아하는 ∨ 과일은 ∨ 사과 ∨ 배등 ∨ 많다.

56

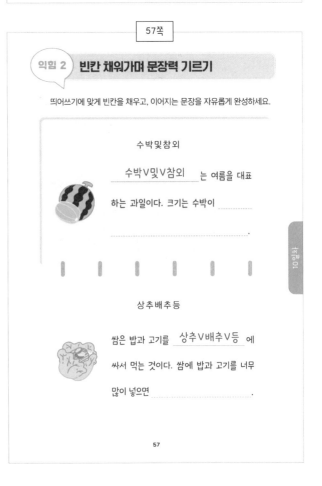

익힘 2 빈칸 채워가며 문장력 기르기

띄어쓰기에 맞게 빈칸을 채우고, 이어지는 문장을 자유롭게 완성하세요.

수박 및 참외

수박∨및∨참외 는 여름을 대표

하는 과일이다. 크기는 수박이 _____

_____.

상추 배추 등

쌈은 밥과 고기를 상추∨배추∨등 에

싸서 먹는 것이다. 쌈에 밥과 고기를 너무

많이 넣으면 _____.

57

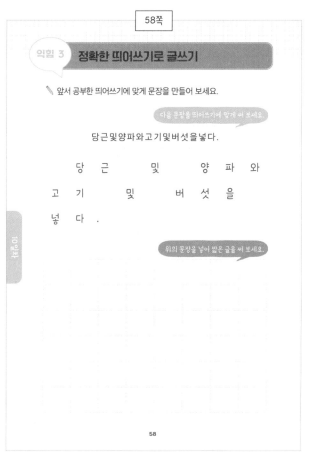

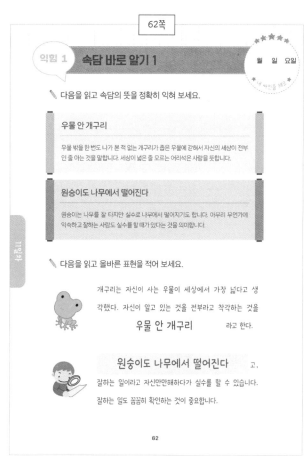

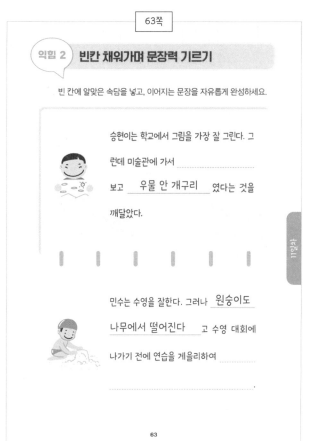

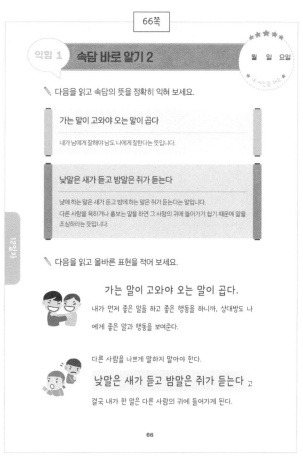

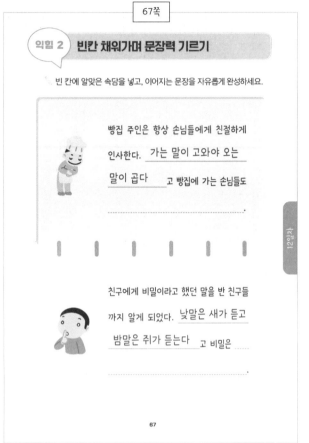

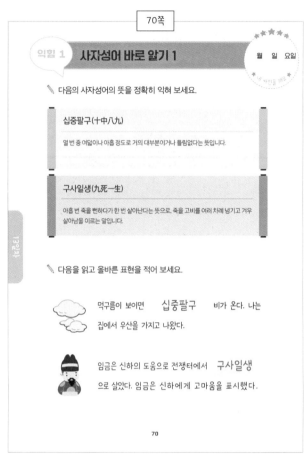

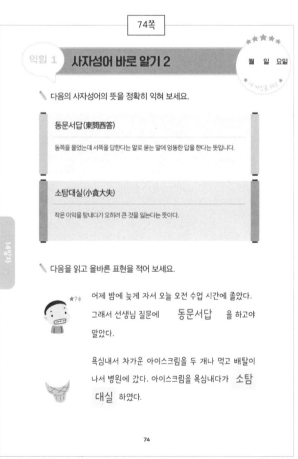

67쪽

익힘 2 빈칸 채워가며 문장력 기르기

빈 칸에 알맞은 속담을 넣고, 이어지는 문장을 자유롭게 완성하세요.

빵집 주인은 항상 손님들에게 친절하게 인사한다. <u>가는 말이 고와야 오는 말이 곱다</u> 고 빵집에 가는 손님들도

친구에게 비밀이라고 했던 말을 반 친구들까지 알게 되었다. <u>낮말은 새가 듣고 밤말은 쥐가 듣는다</u> 고 비밀은

67

70쪽

익힘 1 사자성어 바로 알기 1

월 일 요일

다음의 사자성어의 뜻을 정확히 익혀 보세요.

십중팔구(十中八九)

열 번 중 여덟이나 아홉 정도로 거의 대부분이거나 틀림없다는 뜻입니다.

구사일생(九死一生)

아홉 번 죽을 뻔하다가 한 번 살아난다는 뜻으로, 죽을 고비를 여러 차례 넘기고 겨우 살아남을 이르는 말입니다.

다음을 읽고 올바른 표현을 적어 보세요.

먹구름이 보이면 <u>십중팔구</u> 비가 온다. 나는 집에서 우산을 가지고 나왔다.

임금은 신하의 도움으로 전쟁터에서 <u>구사일생</u> 으로 살았다. 임금은 신하에게 고마움을 표시했다.

70

71쪽

익힘 2 빈칸 채워가며 문장력 기르기

빈 칸에 알맞은 사자성어를 넣고, 이어지는 문장을 자유롭게 완성하세요.

은지는 춤을 잘 춘다. 이번 대회에서도 <u>십중팔구</u> 상을 탈 것이다. 나도 은지처럼

뜨거운 사막을 걷던 사람들은 목마름을 느꼈다. 그때 <u>구사일생</u> 으로 물을 마실 수 있었다.

71

74쪽

익힘 1 사자성어 바로 알기 2

월 일 요일

다음의 사자성어의 뜻을 정확히 익혀 보세요.

동문서답(東問西答)

동쪽을 물었는데 서쪽을 답한다는 말로 묻는 말에 엉뚱한 답을 한다는 뜻입니다.

소탐대실(小貪大失)

작은 이익을 탐내다가 오히려 큰 것을 잃는다는 뜻이다.

다음을 읽고 올바른 표현을 적어 보세요.

어제 밤에 늦게 자서 오늘 오전 수업 시간에 졸았다. 그래서 선생님 질문에 <u>동문서답</u> 을 하고야 말았다.

욕심내서 차가운 아이스크림을 두 개나 먹고 배탈이 나서 병원에 갔다. 아이스크림을 욕심내다가 <u>소탐대실</u> 하였다.

74

정답지

익힘 2 **빈칸 채워가며 문장력 기르기**

✏️ 빈 칸에 알맞은 사자성어를 넣고, 이어지는 문장을 자유롭게 완성하세요.

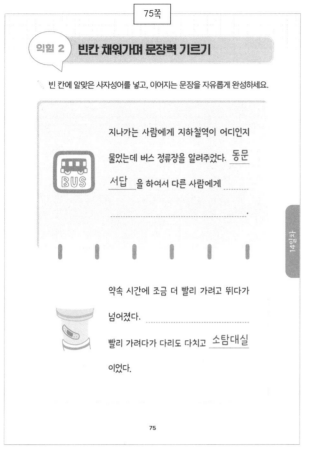

지나가는 사람에게 지하철역이 어디인지 물었는데 버스 정류장을 알려주었다. <u>동문서답</u> 을 하여서 다른 사람에게 _____

_____ .

약속 시간에 조금 더 빨리 가려고 뛰다가 넘어졌다. _____

빨리 가려다가 다리도 다치고 <u>소탐대실</u> 이었다.

75

14일차

익힘 1 **관용어 바로 알기**

★★★★★
월 일 요일

✏️ 다음을 읽고 관용어를 정확히 익혀 보세요.

> **눈살을 찌푸리다**
>
> 눈살은 두 눈썹 사이의 주름을 의미합니다.
> 못마땅한 마음을 나타내는 뜻으로 쓰입니다.

> **손사래를 치다**
>
> 손을 펴서 마구 휘젓는 모양을 말합니다. 거절의 의미나 그러한 사실이 없다는 뜻을
> 의미합니다.

✏️ 다음을 읽고 올바른 표현을 적어 보세요.

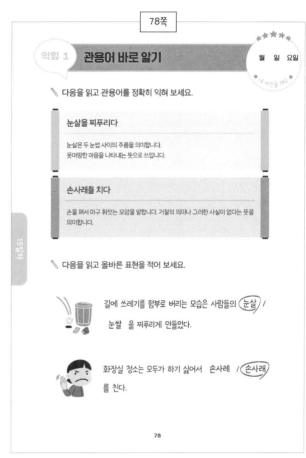

길에 쓰레기를 함부로 버리는 모습은 사람들의 (눈살) / 눈쌀 을 찌푸리게 만들었다.

화장실 청소는 모두가 하기 싫어서 손사레 / (손사래) 를 친다.

78

15일차

익힘 2 **빈칸 채워가며 문장력 기르기**

✏️ 빈 칸에 알맞은 표현을 넣고, 이어지는 문장을 자유롭게 완성하세요.

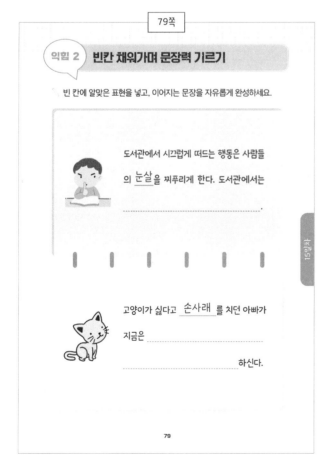

도서관에서 시끄럽게 떠드는 행동은 사람들의 <u>눈살</u> 을 찌푸리게 한다. 도서관에서는 _____

_____ .

고양이가 싫다고 <u>손사래</u> 를 치던 아빠가 지금은 _____

_____ 하신다.

79

15일차

영역별